KB218422

일곱 개의 방

일곱 개의 방

심리치료소설

조용범 · 채송희 · 최은영 지음

더트리그룹

1999년 가을, 뉴욕의 롱아일랜드 주이시 메디컬 센터^{Long Island Jewish} Medical Center에서 임상수련을 받을 때였다. 내담자 가운데 눈에 띄는 여성이 있었다. 처음 보았을 때는 옷차림도 세련되고 지적 수준과 언어 구사 능력도 뛰어났기에, 대체 왜 이곳을 찾아왔을까 의아했다. 하지만 나는 심리치료를 진행하면서 그의 온몸에 숨겨진 자해의 흔적과 사랑에 굶주렸던 불행한 어린 시절, 그리고 오랜 기간 친척으로부터 당한 성폭행의 상처 등을 알게 되었다. 외면은 아름답지만 내면은 참을 수 없는 고통으로 얼룩져 있었던 것이다. 그래서 어두운 밤 홀로 있을 때마다, 이 내담자는 극심한 분노와 감정의 격변을 느끼면서 스스로 몸과 마음을 해하고 있었다.

지난 17년 동안, 심리학자이자 심리치료자로서 나는 이와 비슷한 고통을 겪는 사람들을 수없이 만났다. 그리고 이들의 고통을 통해 인간의 진정한 모습과 불완전함을 깨달을 수 있었다.

심리치료는 서구에서 이미 100여 년의 역사를 지니고 있지만, 한국에서는 여전히 낯선 분야다. 한국에서 심리치료에 대해 강의를 할 때면, 치료 과정을 신비스럽게만 여기거나 단편적으로 이해하는 이

들을 만나게 된다. 이 책은 어떻게 하면 사람들이 심리치료를 제대로 이해할 수 있을까 하는 고민에서 출발했다. 그래서 소설의 양식을 빌려 심리치료 과정의 일부를 보여주고, 간접적으로나마 독자들이 경험할 수 있도록 했다. 독자들은 이 책을 통해 극심한 감정조절장애와 경계선 성격장애 및 자기 파괴적 행동을 치료하는 '다이어렉티컬 행동치료Dialectical Behavior Therapy, DBT', 외상 후 스트레스 장애를 치료하는 '지속노출 치료Prolonged Exposure Therapy, PE', '섭식장애 치료'가 무엇이고, 어떻게 이루어지는지를 흥미롭게 이해할 수 있을 것이다.

이 책에는 실제 내담자들의 기록을 바탕으로 각색한 일곱 편의 이야기가 실려 있다. 자신의 실제 경험을 글로 펴내는 데 기꺼이 동의해준 용감한 내담자들 덕분에, 이 책은 세상에 나올 수 있었다. 이들은 꺼내놓고 싶지 않은 고통스러운 기억을 당당히 마주 보며, 의미 있는 치료의 전기를 마련해주었다. 부디 이들의 바람대로, 이 책을 통해 감당하기 어려운 심리적 고통을 겪는 많은 이들이 새로운 대안을 발견하고 심리치료에 대해 희망적 시각을 갖게 되기를 바란다.

2016년 3월

조용범

차 례

첫 번째 방

회색 옷만 입는 사람

'마지막이네…….'

클리닉 문 앞에 서서 괜히 심호흡을 해본다. 꽃무늬 원피스를 입은 내 모습이 유리문에 비쳐 보였다. 마지막 날이라고 한껏 멋을 부리고 왔다. 그 모습을 보니 문득 처음 트리그룹을 찾았던 1년 전 내 모습이 떠올랐다.

'그땐 무슨 옷을 입었더라?'

기억은 나지 않지만 분명 헐렁한 청바지에 흰 운동화, 낙낙한 회색 티셔츠 차림이었을 것이다. 그 시절 나는 언제나 그런 차림이었으니까. 아래를 내려다보니 핑크색 구두의 뾰족한 앞코가 반짝인다. 오랜만에 구두를 신어서 발이 좀 아프긴 하지만 꽃무늬 원피스와 잘 어울리니 꾹 참는다.

'내가 원피스를 입을 줄이야. 1년 전에는 상상도 못했던 일이지. 후후…….'

문을 열고 클리닉 안으로 들어가니 변함없이 반갑게 인사해주는 선생님들이 보인다. 잔잔한 음악이 흐르는 대기실을 지나서 작은 복도를 따라 J 박사님 방으로 향한다. 기분 좋은 냄새가 감돌자, 마지막이라는 생각에 괜히 코끝이 찡하다.

똑똑똑. 노크를 하고 방으로 들어가니, 언제나처럼 박사님은 동그란 얼굴에 웃음을 띠고 나를 반긴다. 안경 너머로 반짝이는 두 눈에 따뜻함이 넘쳐흐른다. 1년 전처럼.

편안한 안락의자에 앉아 등을 기대자, 박사님은 따뜻한 차를 준비한다. 차향이 향기롭게 방 안을 가득 채우는 동안, 나는 아무 말없이 방을 천천히 둘러보았다. 익숙한 방이지만 이제 자주 볼 수 없을 거라 생각하니 모든 게 새롭게 보였다. 내가 처음 왔던 그날처럼 창문으로 환한 햇살이 쏟아져 들어오고 있었다.

그때는 햇살이 너무 눈부셔서 싫었다. 내 표정이 하나하나 다 드러나는 것만 같아서, 내 마음을 박사님에게 다 들켜버릴까봐 두려웠다.

박사님이 차를 테이블에 내려놓으며 맞은편에 앉았다.

"드디어 마지막 날이군요."

"네……."

"그동안 정말 잘 따라와줬어요. 자, 소감이 어때요?"

박사님 입을 통해 마지막이라는 말을 듣자, 온갖 생각들이 가슴속에 차올랐다. 이 기분을 어떻게 말로 표현할 수 있을까? 하나 확실한 건, 1년 동안 일어난 변화가 내겐 기적 같았다는 것이다.

"자, 한나씨 이야기를 한번 들어볼까요? 여긴 어떻게
찾아왔죠?"

"룸메이트가 추천해줬어요. 성폭력상담소에서 일하는 친구거든요.
한번 가보라고 해서……."

1년 전, 나는 무표정한 얼굴로 박사님의 질문에 대답하고 있었다.
사실 나는 상담이 처음이 아니었다. 친구 혜진이의 성화에 못 이겨 약
물치료를 받은 적도 있었다. 하지만 그럴수록 내가 더 한심하게 느껴
져 결국 그만두곤 했다.

혜진이는 성폭력상담소에서 일하면서 이곳을 알게 되었다고 했다.

"한번 가볼래? 이번에 우리 상담소에 여러 가지로 도움을 많이 준
곳이거든. 치료하시는 선생님들도 정말 좋고."

혜진이 말에 나는 조금 호기심이 생겼다. 내가 약물치료를 그만둔
뒤로는 혜진이가 먼저 치료나 상담 이야기를 꺼낸 적이 한번도 없었
기 때문이다.

"자, 한나씨. 편안하게 앉아볼까요? 목과 어깨의 긴장을 풀고 소파
에 편하게 기대보세요."

박사님의 말에 문득 정신을 차려보니, 나는 등을 잔뜩 구부린 채 앉

아 있었다. 마치 내 마음을 들키지 않으려고 꽁꽁 숨기듯이.

등을 소파에 살짝 기대니 갑자기 무방비 상태가 된 것처럼 불안해졌다. 박사님은 그런 내 마음을 알아차리기라도 한 듯 자리에서 일어나 따뜻한 차를 내어주었다.

차 향기를 맡자, 문득 은은한 피아노 연주 소리가 귓가에 들렸다. 얼마나 긴장하고 있었는지, 클리닉에 은은하게 흐르는 음악 소리조차 내 귀에는 들리지 않았던 것이다.

"자, 이제 한나씨가 겪은 일들을 들려주겠어요? 시간 순서가 맞지 않아도 상관없어요. 그냥 생각나는 대로 편안하게 이야기해주세요. 지금 당장 시작하기 어려우면 차를 마시면서 마음을 좀 안정시킨 다음 시작해도 괜찮아요."

"아뇨, 별로 어렵지 않아요. 여러 번 해봤거든요. 그럼 지금 시작하면 될까요?"

나는 퉁명스레 말했다. 사실 다른 상담소에서도 여러 번 해봤으니까 낯선 일도 아니었다. 나는 건조하게 말문을 열었다.

중학교 3학년 때였다. 집 근처 운동장에서 혼자 걷고 있다가 어떤 아저씨를 우연히 만났다. 아저씨는 뒷산으로 가면 좋은 산책로가 있다고 했고, 나는 바보같이 따라갔다.

한참 올라갔는데 갑자기 아저씨가 뒤에서 나를 덮쳤다. 내 옷을 다

찢어버렸다. 소리를 질렀지만, 아무도 도와주러 오지 않았다. 문득 정신을 차리고 보니 나는 걸레가 된 옷을 걸친 채 혼자 남아 있었다.

겨우 산을 내려가서 경찰서로 향했다. 상황을 설명하고 상처 부위의 사진을 찍는데 엄마 아빠가 도착했다. 그런데 엄마는 내 얼굴을 똑바로 보지 않았다.

결국 멍청한 경찰들은 범인을 잡지 못했다.

그 일 이후 내 삶은 계속 어둡기만 했다. 나는 혼자만의 세계에 틀어박혔다. 친구를 사귀는 것도, 엄마 아빠 얼굴을 보는 것도 싫었다. 나는 공부에 빠져들었다. 엄마는 내 성적이 점점 오르자 안심하는 것 같았다.

'그래, 공부하자. 그리고 대학만 들어가면 이 집에서 탈출하자.'

고등학교 졸업 후 나는 집에서 독립했고, 그 뒤로 내게 가족은 친구 혜진이뿐이었다.

혜진이와는 대학 기숙사에서 만났다. 누구에게든 쌀쌀맞게만 구는 나를 혜진이는 마치 엄마처럼 챙겨주었다. 그때부터 지금까지 우린 서로에게 룸메이트이자 가족 같은 존재다. 혜진이가 성폭력상담소에서 일하게 된 건 어쩌면 내 영향이 컸을지도 모른다.

혜진이에게 처음 그 일을 털어놓았을 때, 혜진이는 충격을 받은 듯 멍하니 나를 바라보기만 했다.

"내가 바보 같아 보이지? 한심하나? 뭘 그렇게 봐?"

"아니, 그게 아니라……. 네가 아무렇지 않은 일처럼 말해서. 너 정말 괜찮은 거야?"

사실 나는 그 일을 열심히 곱씹어 생각해본 적이 없었다. 떠올리기 싫은 기억이라 그런지, 구체적으로 어떤 일이 있었는지 잘 기억도 나지 않았다. 부모님과 경찰이 아닌 다른 사람에게 그 일을 털어놓은 건 혜진이가 처음이었지만, 생각보다 털어놓기가 힘들진 않았다.

"재수 없었지, 뭐. 어째, 이미 다 지난 일인데. 그 변태는 잡히지도 않았고……. 별일 아니야. 이제 다 잊어버렸어. 괜찮아."

"……."

혜진이는 내 얼굴을 가만히 바라보다가 내 손을 꼭 잡았다. 아무 말도 하지 않았지만 왠지 가슴이 뭉클했다.

내 이야기가 모두 끝나자 박사님은 내게 체크리스트를 작성하게 하고 여러 가지 질문도 던졌다.

"외상 후 스트레스 장애라는 말 들어본 적 있나요?"

또 똑같은 이야기의 시작이다. 나는 박사님의 질문에 무덤덤하게 대답했다.

"네, 성폭력상담소에서 저한테 알려줬어요. 제가 강간당한 뒤로 그 일에서 벗어나지 못하고 스트레스에 시달리고 있다면서요. 그거 말고도 더 있어요. 폭식이랑 구토. 제가 체크리스트 작성하면서 썼는데 못 보셨어요?"

"네, 봤어요."

박사님은 나를 가만히 바라보더니 말을 이었다.

"우리 클리닉에서 치료하고픈 부분이 있나요? 아니면 앞으로 어떤 사람이 되고 싶다던가 하는 바람 같은 건요?"

"글쎄요……. 요즘 폭식이랑 구토를 너무 심하게 하는 것 같아서 그 부분은 치료하고 싶어요."

나는 건성건성 대답했다. 하지만 속으로는 이런 대화가 무슨 소용이 있을까 싶었다.

'난 바뀌지 않을 텐데…….'

고개를 떨구니 내가 입은 헐렁한 청바지가 눈에 들어왔다. 다리가 달달 떨리고 있었다. 나도 모르게 또 긴장하고 있었나보다.

머리만 짧게 자르면 아무도 내가 여자인 걸 눈치채지 못할 것이다. 난 마른 몸을 헐렁한 청바지와 낡은 티셔츠 속에 숨기고 다닌다. 음식도 거의 먹지 않는다. 가끔 미친듯이 폭식할 때 외에는.

회사에서 나는 활달하고 유능한 사람이다. 하지만 사실 나는 아무도 믿지 않고 누구와도 친하게 지내고 싶지 않다. 혜진이 외에는.

"한나씨?"

혼자만의 생각에 빠져 있다 문득 정신을 차리고 고개를 드니, 박사님이 나를 빤히 보고 있다.

"앞으로 한나씨를 힘들게 하는 그 사건에 대해 이야기를 나눠볼 거예요. 그러고 나면 폭식이나 구토 같은 섭식장애를 치료할 방법도 찾을 수 있을 거예요."

'그런 얘기는 하기 싫은데⋯⋯.'

또다시 나는 다리를 달달 떨고 있었다. 박사님은 그런 내 모습을 보더니 말했다.

"불안해하지 말고 마음 편히 무슨 얘기든 해도 돼요. 이 방에서 나누는 대화는 아무도 듣지 못하니까요."

한 달이 흘렀다. 흔히 '트라우마'라고 불리는 '외상'이라는 것이 무엇인지, 그 외상이 나에게 어떤 영향을 끼쳐왔는지, 나는 조금씩 깨달아가고 있었다. 그 충격적 경험이 나의 생각과 감정을 조각조각 내고, 내 마음을 돌처럼 단단하게 만들었다는 것을 나는 몇 번의 상담을 통해 알게 됐다. 하지만 그 사건에 대해 내가 어떻게 느끼고 반응하는지, 돌이켜 생각하고 입 밖으로 내뱉는 과정은 힘들었다.

'치료를 하려면 나를 그 기억에서 해방시켜야 하는 거 아냐? 그런데 박사님은 왜 그 고통스러운 기억을 다시 꺼내라고만 하지? 왜 자꾸 기억하게 하지?'

박사님의 지시대로 치료 과정을 따라가면서도, 나는 마음속으로 이런 질문을 던지고 있었다.

하지만 박사님은 '노출'이라 부르는 이 과정을 반드시 거쳐야 한다고 했다.

"그 고통스러운 시간을 다시 기억해내는 것이 얼마나 힘든 일인지, 아마 경험해보지 않은 사람은 모를 거예요. 그런 기억을 그동안 홀로 가슴에 안고 있었으니 얼마나 고통스러우셨을지……. 치료하면서 고통에서 벗어나도록 도와줄게요. 이제 한나씨는 'PE Prolonged Exposure Therapy'라는 치료 과정을 거치게 됩니다. '지속노출 치료'라고도 하죠. 이 치료에는 지속적으로 고통의 시간을 기억하고 재구성하는 '상상노출'과 '실제상황 노출' 과정이 동반됩니다. 12주가 걸리는 쉽지 않은 과정이지만, 치료가 끝나면 외상 후 스트레스 장애의 고통이 많이 나아질 겁니다."

박사님은 내가 봉인해둔 그날의 기억을 조금씩 끄집어내기 시작했다. 그리고 한 달 뒤, 마침내 그날 일을 아주 구체적으로 기억해내기로 했다.

"그 사람, 첫인상이 어땠어요?"

"그 남자요? 그냥 평범한 아저씨였어요. 무서운 범죄자 얼굴도 아니었고요. 말도 잘하고 내 얘기도 잘 들어주고……."

"그럼 좋은 인상이었겠군요. 그래요?"

"그랬던 것 같아요."

"처음 만난 순간을 더 자세하게 얘기할 수 있어요?"

'싫다……. 떠올리기 싫다.'

하지만 박사님 말에 따르면, 마음을 닫고 회피하면 할수록 이 지옥 같은 삶에서 벗어나기 어려워질 뿐이었다.

"운동장 벤치에 앉아 있다가 만났어요."

"운동장에는 왜 갔죠?"

"엄마 아빠가 또 싸우고 있었거든요. 엄마는 울고 아빠는 소리 지르고……. 그때는 그게 일상이었으니까, 무섭기도 하고 지긋지긋하기도 해서 그냥 밖으로 나왔는데 마땅히 갈 데가 없는 거예요. 그래서 집 근처에 있는 초등학교로 갔어요. 운동장에서 터덜터덜 걷다가 벤치에 앉았어요. 그때 그 남자가 트랙을 돌다가 내 옆자리에 와서 앉았어요. 커피 마시겠냐고 하길래 고개를 끄덕였더니 캔 커피를 사왔어요. 같이 마시면서 얘기를 했어요."

"무슨 얘기였어요?"

"뭐였더라……. 다른 어른들이랑은 좀 달랐어요. 보통은 몇 살이냐, 공부는 잘하냐, 그런 걸 물어보는데 그 남자는 그런 얘기도 안 하고 참 친절했어요. 저한테, 쓸쓸해 보인다고……, '무슨 일 있었니?' 하고 물었던 기억이 나요. 그래서 아빠랑 엄마가 자꾸 싸워서 속상하다, 뭐 그런 얘기……. 잘 기억은 안 나는데 그런 얘기를 주고받았던 것 같아요."

나는 차츰차츰 기억을 더듬으며 이야기를 이어나갔다. 박사님은 내 이야기를 차분하게 기다려주었다. 그동안 잊고 있었던 여러 가지가 떠올랐다. 그 남자가 어떻게 행동했는지, 내가 왜 그 남자를 따라갔는지, 그리고…… 산에서 어떤 일이 있었는지도.

"마치 친구처럼 기분을 맞춰줬어요. 그래서 저도 모르게 마음을 놓았던 것 같아요. 바보같이, 내가 왜 그랬을까……."

"네, 잘하고 있어요. 계속해보시죠."

"이런저런 고민거리를 이야기하다보니 시간이 좀 흘렀는데, 갑자기 같이 달리기를 하자는 거예요. 먼저 일어나서 막 뛰기에 저도 모르게 따라서 뛰었어요. 운동장 몇 바퀴를 내기하듯 달렸는데, 갑자기 그 남자가 운동장 옆 뒷산으로 난 길 쪽으로 방향을 바꿨어요. 이상하다고 생각하면서도 일단 따라갔어요."

이야기를 계속하기가 너무 힘겨웠다. 나는 숨을 가득 붙들고 머릿속을 까맣게 지웠다. 늘 그래왔던 것처럼…….

'왜 이 이야기를 다시 해야 하지?'

멍한 표정으로 선생님을 바라보자, 그제야 내 이야기에 진지하게 귀 기울이고 있는 박사님의 얼굴이 눈에 다시 들어오기 시작했다.

'그래, 끝까지 해보자.'

나는 숨을 크게 한 번 몰아쉬고 이야기를 이었다.

"뒷산 중턱까지 갔을 때였어요. 남자가 잠깐 앉았다 가자고 해서 옆에 있는 평평한 돌에 걸터앉았어요. 그때 갑자기 남자의 말투가 거칠게 바뀌었어요. 누우라고, 협박하듯 소리를 질렀거든요. 너무 놀라서 도망가려고 했는데……. 나를…… 갑자기 때리기 시작했어요. 내가 넘어지니까 구두로 막 밟고……. 끝까지 저항을 했는데, 어느 순간 정신을 차려보니 그 남자가 내 위에 올라타 있었어요. 낯선 몸이 내 몸 위에서 오르락내리락하던 느낌이 생생해요. 아……."

나도 모르게 눈물이 흘러내렸다. 신기했다. 그동안 다 잊었다고 생각했는데, 이렇게 모든 걸 생생하게 기억하고 있었다니. 나는 눈물을 흘리며 이야기를 계속했다.

"너무 아팠어요……. 도망가다가 남자한테 잡혀서 맞고, 목이 졸리고, 다시 도망치고 또다시 맞고……. 끝나지 않을 것만 같았어요. 그러다 겨우 산을 내려왔어요. 둘러보니까 집에서 멀지 않은 곳이었어요. 옷은 온통 다 찢겨 있고……. 경찰서까지 어떻게 걸어갔는지도 잘 기억이 안 나요."

"경찰서에서는 어떤 일이 있었어요?"

차분히 내 이야기를 듣고 있던 박사님이 물었다.

"경찰서에서는 더 끔찍했어요."

그 남자에게 당한 일은 그동안 가슴 깊숙이 밀어놓고 있었다. 하지만 경찰서에서 있었던 일은 애쓰지 않아도 또렷이 기억났다.

처음 나를 보고 놀라던 얼굴, 그리고 곧장 의심으로 가득 차던 그

눈빛들……. 처음에는 아무도 내 진술을 믿으려고 하지 않았다. 담당 경찰은 문제아 보듯 나를 아래위로 훑어보며 술을 마시진 않았는지, 또래 남학생들과 어울려 놀다가 사고가 난 건 아닌지 꼬치꼬치 캐물었다. 나는 그런 의심 가득한 눈총을 받으며 사진을 찍고, 똑같은 얘기를 몇 번이고 반복했다.

엄마 아빠가 경찰의 전화를 받고 황망히 달려왔다. 하지만 나는 분명히 봤다. 부끄럽고 못난 딸이라는 듯 바라보던 엄마 아빠의 눈빛을.

겨우 집에 돌아와 내 방에 혼자 남았을 때, 엄마가 조용히 들어왔다. 그러고는 이렇게 말했다.

"별일 아니야. 알았지? 언젠가 겪을 일 미리 겪었다고 생각하고 잊어버려."

'별일 아니라고? 잊으라고? 어떻게 이런 일을 쉽게 잊을 수 있어?'

엄마에게 묻고 싶었지만 나는 아무 말도 할 수가 없었다. 그리고 나는 엄마와 아빠에게 마음의 문을 닫아버렸다.

"엄마가 저를 위로해주실 줄 알았어요. 괜찮아, 네 잘못이 아니야, 많이 아프지? 이런 말들……. 그날 내내 듣고 싶었던 말들을……. 하지만 엄마는 모든 일을 다 내 탓으로 생각하시는 것 같았어요. 그게 너무 속상했어요."

주체할 수 없을 정도로 눈물이 흘러내려 나는 더 말을 잇지 못했다. 그렇게 울면서, 난생처음 생각했다. 내가 너무 불쌍하다고.

엄마도 아빠도 너무 미웠다. 그리고 범인을 잡지 못한 경찰들도. 이제라도 범인을 찾을 순 없을까 해서 당시 사건을 맡았던 경찰서에 전화를 하기도 했다. 하지만 이미 공소시효가 지났다고 했다. 그리고 그 와중에 나는 충격적인 사실을 알게 되었다.

"기록을 보니 강간 사건이 아니고, 폭력 사건인데요."

사건 기록을 찾아준 경찰의 말이었다. 나 대신 경찰과 통화하고 있었던 박사님이 깜짝 놀라서 되물었다.

"피해자가 강간 사건으로 진술을 했는데, 어떻게 폭력 사건으로 기록이 됐죠?"

"흠……. 글쎄요. 남아 있는 자료가 별로 없어서 정확하게 알 수는 없어요. 게다가 공소시효도 지났기 때문에……."

통화가 끝난 후 나는 박사님에게 말했다.

"아빠일 거예요……. 그렇게 신고한 건."

나 대신 경찰서를 오간 건 아빠였으니까. 아빠가 했던 말들이 어렴풋이 떠올랐다. 경찰은 범인 잡는 데 별로 관심이 없다고 했다. 내 진술만 믿고 어떻게 사람을 찾겠느냐고.

"그냥 빨리 잊어버리는 게 나아. 너한테도, 우리한테도."

경찰서를 몇 번 오간 뒤 아빠는 이렇게 말했다. 그러고는 마치 아무 일 없었다는 듯 일상으로 돌아갔다. 아빠는 회사 일이 바쁘다며 매일 늦게 들어왔다. 사건을 잊으려고 일에만 몰두하는 것 같았다. 원래 말수가 적었던 아빠는 그 뒤로 나에게 더 무뚝뚝해졌다.

'아무리 잊고 싶었어도 그렇지, 어떻게 그런 짓을 할 수 있어?'

엄마도 똑같다. 아빠가 한 일을 엄마도 분명 알고 있었을 거다. 하지만 엄마 역시 아무것도 하지 않았다. 사건 후 집에만 처박혀 있는 내가 꼴 보기 싫었는지 밖으로만 돌았다. 밤이면 엄마 아빠가 싸우는 소리가 하루가 멀다 하고 들려왔다. 그럴수록 나는 움츠러들었다. 두 사람에게 물어보고 싶었다. 그렇게 딸이 강간당했다는 사실을 지워버리고 싶었느냐고. 그렇게 창피하고 부끄러웠냐고.

"왜 새삼스럽게 다 지난 일을 들춰내고 그러니?"

내 말이 끝나기가 무섭게 전화기 너머로 엄마의 신경질적인 목소리가 들려왔다. 아빠와 함께 클리닉에 가자는 말이 끔찍하게 들렸나 보다. 엄마한테 전화를 한 게 후회가 됐다.

'이럴 줄 알았어. 엄마한테 뭘 바라?'

속이 부글부글 끓어오르는 걸 참으며 나는 엄마한테 다시 차분히 상황을 설명하기 시작했다.

"박사님이 부모님과 면담하고 싶대. 꼭 해야 한대. 아빠한테 말해서 같이 오세요."

박사님과 약속됐다. 부모님과 함께 클리닉에 오겠다고. 박사님은 부모님과의 면담이 나를 치료하는 데 반드시 필요한 과정이라고 했다. 엄마 아빠도 나처럼 치료가 필요한 상태일지 모른다는 거다.

"외상 후 스트레스 장애는 피해자 본인만 겪는 증상이 아니에요. 가족도 스트레스를 받습니다. 특히 살인이나 사고로 가족 중 한 사람이 목숨을 잃은 경우, 살아 있는 가족들의 고통은 어마어마해요. 한나 씨의 가족도 그동안 표현하진 못했지만 아마 사건의 후유증으로 고통을 안고 살았을 거예요. 너무 가슴이 아프고 힘들기 때문에 그토록 사건을 회피하려 했던 건지도 몰라요."

박사님은 우리 가족이 서로 이해하고 화해했으면 좋겠다고 했다. 하지만 그게 가능할까? 나는 엄마 아빠를 미워하고, 엄마 아빠는 나를 창피하게 생각하는데……. 아빠가 내 얼굴을 똑바로 바라본 게 언제인지, 엄마가 나를 안아주며 괜찮다고 위로해준 게 언제인지, 이젠 기억도 나질 않았다.

"엄만 싫어, 그런 데……. 이제 그만 잊자, 한나야. 응? 너도 이제 정신 차리고 제대로 살아."

엄마 목소리가 점점 더 날카롭게 떨려왔다.

"알았어, 알았어. 알았다고!"

나는 벌컥 소리를 지르고 전화를 끊어버렸다.

'화해라고? 말도 안 돼.'

역시 잘못 생각했다. 화해라는 건 서로 미안한 감정이 있을 때나 하는 거다. 하지만 난 엄마한테 전혀 미안하지 않다. 엄마도 마찬가지일 테지.

아빠에게 전화가 온 건 그로부터 일주일 뒤였다.

"한나야……."

"아빠?"

갑작스런 아빠 전화에 나는 잠시 멍했다. 아빠는 가끔 특별한 일이 있을 때만 전화를 했기 때문이다.

"무슨 일 있어요?"

"아니……. 저, 저기, 엄마한테 얘기 들었다. 엄마 데리고 가마."

"정말?"

"그래, 엄마는 아직도 싫다고 하지만 내가 설득해서 데리고 갈게. 걱정 마라."

아빠가 클리닉에 가겠다고 할 줄은 꿈에도 몰랐다. 나는 여전히 멍한 상태로 전화를 끊었다. 분명 반가운 소식이었다. 하지만 실감이 나지 않았다. 게다가 과연 아빠가 엄마를 설득할 수 있을지도 알 수 없는 일이었다.

엄마와 아빠는 그 사건 이후로 사이가 멀어졌다. 처음에는 말다툼을 하지 않고 지나가는 날이 하루도 없을 정도로 시끄러웠다. 엄마가 신경질적인 목소리로 아빠를 사정없이 긁어대면 아빠는 소리를 버럭 지르는 식이었다. 그러다 조금씩 서로 무관심해지기 시작하더니 대화하는 법을 잊어버린 사람들처럼 말이 없어졌다. 이제는 따로 살고 있다. 서류 정리만 안 했을 뿐 이혼한 것과 다름없었다.

내가 대학에 입학한 뒤, 아빠는 회사 근처에 조그만 원룸을 얻어 집에서 나왔다. 엄마도 반대하지 않았다. 그 뒤로는 집안 행사가 있을 때 말고는 서로 만나는 일도 없는 것 같았다.

'그래도 엄마가 아빠한테 클리닉 얘길 했다니, 뜻밖인데?'

아마 지금까지 두 사람을 이어주는 유일한 끈은 나일 거라는 생각이 들었다. 그래도 난 두 사람의 딸이니까.

어떻게 설득했는지, 결국 아빠는 엄마와 함께 클리닉에 나타났다. 물론 그사이 두 번이나 약속을 취소하긴 했지만.

아빠는 잔뜩 긴장한 표정이었다. 엄마는 옆에서 초조한 듯 머리를 매만지며 한숨만 쉬고 있었다. 박사님 방에 다 함께 들어가 박사님과 잠깐 인사를 나눈 다음 나 혼자 방을 나오는데 엄마 목소리가 뒤에서 들렸다.

"박사님, 저는요, 한나가 이제 그만 잊고 새 인생 살았으면 좋겠어요. 그 일 그만 들쑤시게 설득해주세요."

엄마는 자리에 앉자마자 날카로운 목소리로 박사님에게 말했다. 돌려 말하긴 했지만 박사님을 힐난하는 기색이 역력했다.

"당신도 참, 무슨 말씀 하시는지 일단 들어보자고."

아빠가 엄마 옆구리를 툭 치면서 말하자 엄마는 숨만 씩씩 들이쉬며 하고 싶은 말을 삼켰다.

나는 다 틀렸다고 생각하며 문을 닫았다. 박사님의 차분한 목소리가 방문 너머로 나직하게 들려왔다. 하지만 엄마는 박사님이 무슨 말을 하든 신경질적으로 반응할 게 뻔했다. 아빠는 옆에서 아무 말 없이 묵묵히 박사님 말을 듣고만 있을 것이다.

그리고 두 시간 뒤, 박사님 방을 나오는 아빠의 눈은 발갛게 부어 있었다. 눈물을 펑펑 흘린 사람처럼.

"아버님께서 사건 이후 어떤 심정이었는지 아주 자세히 말씀해주셨어요."

"아빠가요?"

박사님의 말에 나는 깜짝 놀랐다. 무뚝뚝한 아빠가 처음 보는 박사님에게 속마음을 얘기했다니 믿기지 않았다.

"어떤 이야기를 하셨는지 궁금하지 않나요?"

"뭐라고 하셨는데요?"

"음……. 우리가 몰랐던 여러 가지 일들이 있었어요. 한나씨도 이야기를 듣고 나면 분명 부모님의 마음을 좀더 이해하게 될 거예요."

퉁퉁 부어 있던 아빠의 눈이 떠올랐다. 무슨 이야기를 하면서 그렇게 눈물을 쏟았을까? 나는 지금껏 아빠가 우는 모습을 한 번도 본 적이 없었다. 하지만 박사님의 이야기를 들으면서, 나 역시 벅차오르는 감정에 눈물을 참을 수가 없었다.

"아무리 경찰서를 들락거려도 범인을 잡을 수 있을 거라는 희망이 안 보였습니다. 그래서 내가 직접 잡으러 다녔습니다. 내 딸 저렇게 상처 준 놈, 내 손으로 죽이고 싶어서……."

박사님이 사건 후 심정을 물어보자 아빠의 첫마디는 저러했다고 한다. 아빠는 몇 달 동안, 우리에게는 회사에 가는 척하면서, 거래처와 저녁 약속이 있는 척하면서, 범인을 잡으러 다녔다. 하지만 범인을 잡으러 다닌다는 사실을 알게 되면 내가 그 사건에 더 얽매여 안 좋아질까봐 아무에게도 말하지 않았다.

조금 벗어진 머리, 낡은 갈색 가죽점퍼, 마른 몸과 안경 낀 얼굴……. 내가 기억하는 범인의 모습이었다. 그리고 아빠에겐 이게 범인에 대해 알려주는 몇 안 되는 단서였다. 아빠는 내가 범인을 만난 운동장을 배회하면서 비슷하게 생긴 사람이 어슬렁거리지는 않는지 살폈고, 내가 일을 당한 산을 수백 번 오르내렸다고 했다. 하지만 결국, 범인은 찾을 수 없었다.

"담당 형사한테 통사정을 했습니다. 제발 범인 잡아달라고, 이대로는 억울해서 못 산다고요. 그런데, 방법이 없다고 하더군요. 인상착의만 가지고 사람을 어떻게 찾느냐는 거예요."

몇 달이 지나자, 아빠는 마음을 달리 먹게 되었다. 범인을 찾아 단죄할 수 없다면, 차라리 빨리 잊는 게 모두를 위해 좋을 거라고.

"형사한테 단순 폭력 사건으로 처리해달라고 했습니다. 그때는 그게 제 딸을 위한 길이라고 생각했습니다. 생각해보세요. 어떤 부모가 아직 스무 살도 안 된 어린 딸한테 강간 사건 피해자라는 딱지를 붙이고 싶겠습니까? 언젠가는 잊겠지, 그러니 좋을 것 하나 없는 그런 기록 따위 지워버리자, 나중에 한나가 커서 시집갈 때 이런 일이 알려지기라도 하면 큰일이다……, 그렇게 생각했어요. 하지만 지금은 후회가 됩니다. 그때 그렇게 포기하지 말걸, 내가 더 찾아다닐걸……. 아비가 못나서, 무식해서, 힘이 없어서, 내 딸이 저렇게 상처받아 방황하는 걸 보고도 아무것도 못해줬어요. 다 내 죕니다……."

"엄마는 뭐라고 하셨어요? 아빠가 하신 얘기, 다 알고 계셨대요?"

나는 엄마의 반응이 궁금했다. 아빠가 그렇게 고통스러운 시간을 보내는 동안, 엄마는 옆에서 뭘 하고 있었을까? 아빠가 범인을 잡으러 돌아다니는 걸 알고는 있었을까?

"어머님도 나름대로 범인을 찾으러 다녔다고 하셨어요."

"엄마가요?"

엄마가 늘 집을 비웠던 건 사실이었다. 하지만 엄마 혼자서 어떻게 범인을 찾으러 다녔을까?

아빠의 이야기가 끝나자마자 엄마 역시 그동안 꽁꽁 숨겨두었던 속마음을 풀어놓았다고 했다.

"아는 사람들을 찾아다니면서 어머님 본인이 사기를 당했다고 하셨대요. 차마 한나씨가 그런 일을 당했다고는 말할 수 없어서……. 사기꾼을 잡아야 한다고 하면서 범인 인상착의와 비슷한 사람을 주변에서 본 적이 없는지 수소문하셨던 것 같아요. 하지만 이름도 나이도 모르는 사람을 어떻게 찾을 수 있었겠어요? 그러면서 조금씩 지치셨다고 해요."

몇 달 뒤 엄마는 담당 형사를 찾아가 수사가 어떻게 되고 있는지 물었다고 했다. 그리고 형사로부터 뜻밖의 사실을 듣게 되었다. 사건이 단순 폭력 사건으로 처리되어 있었던 것이다.

"남편이란 사람이 남보다도 못하다, 그런 생각이 먼저 들었어요. 범인 찾기도 힘들고, 소문나는 것도 창피해서 그랬구나, 속으로 짐작만 했지요. 집에 가서 애 아버지한테 왜 그랬냐고 물었어요. 그랬더니 대뜸 버럭 소리를 지르더라고요. 이제 그만하라고, 범인 잡는 거 다 틀렸으니까 정신 차리라고……. 그때 오늘처럼 제대로 얘기만 해줬어도 내가 지금껏 이 사람을 미워하며 살진 않았을 텐데……."

엄마는 가슴을 치며 이렇게 말했다. 그날 이후 두 사람은 틈만 나면 서로를 공격하고 싸우기 시작했다고 했다. 범인에게 퍼붓고 싶었던 분노를 서로에게 퍼부어댔던 것이다. 서로의 속마음을 알아볼 사이도 없이, 엄마와 아빠는 그렇게 멀어지고 말았다.

나는 그제야 사건 후 몇 달간 우리 가족의 모습이 머릿속에 그려지기 시작했다. 나와 엄마, 아빠는 자기 마음속의 고통만 보느라 서로의 고통을 위로하고 보듬어줄 여유가 없었다. 그저 혼자서 어떻게든 해결해보려고 했고, 그게 안 되자 어떻게든 빨리 잊어버리려고만 했다. 그때 고개를 들고 서로의 얼굴을 바라보고 손을 맞잡았다면, 지금 우리 가족은 어떤 모습일까? 내 모습은 또 어떻게 바뀌었을까……?

"한나씨, 부모님의 얘기를 들어보니 어때요? 부모님에 대한 마음이 조금 바뀌었나요?"

"엄마 아빠가 여전히 밉지만…… 그래도 조금 이해할 수는 있을 것 같아요."

박사님은 나를 보며 고개를 끄덕이고는 말을 이었다.

"부모님도 너무 고통스러웠던 거예요. 왜냐하면 한나씨가 더없이 소중하고 사랑스러운 딸이었으니까요. 한나씨를 사랑하는 마음이 컸던 만큼 괴로움도 컸을 거예요."

'나를 사랑하는 만큼…….'

"표현하고 보듬어주는 방법을 몰라서 그랬을 뿐, 부모님은 나름의 방법으로 최선을 다해 한나씨를 지키려 했던 거예요. 그 마음을 한나씨가 이해해야 해요."

엄마 아빠에 대한 미움이 다 가신 건 아니었다. 하지만 아빠의 퉁퉁 부은 눈은 한동안 잊어지지 않았다. 그 뒤로 엄마와 아빠의 고백을 떠올릴 때마다, 나는 차갑게 얼어 있던 마음 한구석이 조금씩 녹아내리는 것 같았다.

'이 근처인 것 같은데……'

버스정류장에 내리니 도시 변두리의 전경이 한가롭게 펼쳐졌다. 서울을 조금만 벗어나도 풍경이 이렇게 달라진다니 놀라웠다. 띄엄띄엄 들어선 집들 사이사이에 작은 논과 밭 들이 보였다. 멀리 보이는 산봉우리에는 구름이 살짝 걸려 있었다. 서울과는 다르게 공기도 맑아, 나는 숨을 한껏 들이마셨다.

'아빠가 이런 동네에서 사는구나……'

나는 그동안 아빠가 혼자 어떻게 살고 있는지 조금도 궁금하지 않았다. 하지만 클리닉에서 엄마 아빠를 만난 뒤로, 나의 삶이 엉망진창이듯 엄마 아빠의 삶도 엉망진창이 된 것은 아닐까 하는 생각이 들기 시작했다. 그래서 아빠 집을 찾아가보기로 결심했다.

아빠가 알려준 버스정류장에서 내려 아빠에게 전화를 걸었다. 그런데 신호가 몇 번 울리기도 전에 맞은편에서 천천히 걸어오는 아빠 모습이 보였다.

"아빠!"

내가 어색하게 손을 흔들자, 아빠는 내 모습을 발견하고는 뛰기 시작했다. 휘청휘청 느리게 뛰는 아빠 모습을 보니 새삼 아빠 나이가 떠올랐다.

'우리 아빠, 많이 늙었네……'

어느새 희끗희끗해진 아빠 머리카락이 눈에 들어오자, 아빠가 더욱 애처롭게 보였다.

"한나야, 많이 기다렸어?"

"아니, 방금 내렸어. 집은 어디예요?"

"조금만 걸으면 돼. 가자."

아빠와 단둘이 있는 건 참 오랜만이라, 나는 조금 어색했다. 우리는 말없이 마을로 들어가는 좁은 길을 걷기 시작했다.

조용하고 깨끗한 작은 시골 마을이었다. 하지만 노인들만 살 법한 이곳에서도 내 또래의 젊은 사람들과 아이들 목소리가 들려왔다.

"최근에 귀촌이니 귀농이니 하면서 젊은 사람들이 이사를 많이 왔단다. 그래서 마을 분위기가 아주 밝아. 나 같은 늙은이가 혼자 산다고 귤이나 김치 같은 것도 가끔 가져다주고, 허허."

아빠 목소리가 밝아서 나는 조금 안심이 되었다.

아빠 집은 마당이 딸린 작은 집이었다. 마당 옆에는 작은 텃밭이 있었는데, 고추와 방울토마토 같은 것들이 심겨 있었다.

"와, 아빠가 심은 거예요?"

"허허, 그래그래."

'아빠는 이렇게 사는구나…….'

아빠 집은 작지만 깨끗하고 잘 손질된 듯 보였다. 아빠는 괴로웠던 도시에서의 삶을 정리하고 이곳에서 새 삶을 시작하고 싶었던 건 아닐까?

"혼자 사니까 안 쓸쓸해요?"

방울토마토가 얼마나 달렸나 보는 척하면서 아빠에게 물었다.

"뭐, 그럴 때도 있지만……. 조용하고 좋아. 오늘 우리 딸이 와서 아빠는 참 기쁘다."

아빠 목소리가 조금 떨렸다. 나는 고개도 들지 못하고 방울토마토 옆에 쭈그리고 앉아 아빠 말을 묵묵히 듣기만 했다.

"미안하다, 한나야. 그날 박사님이 그러시더라. 그런 일은 노력해도 쉽게 잊히지 않는다고. 그렇기 때문에 가족이 서로 힘을 합쳐 이겨내야 한다고……. 생각해보니까 그 일이 있고 나서, 한 번도 너한테 괜찮다고, 네 탓이 아니라고 말해준 적이 없었어. 아빠가 너무 생각이 짧았구나……."

나는 뭐라고 대답해야 할지 몰라 고개를 숙인 채 눈가에 맺힌 눈물을 몰래 닦아냈다.

"엄마는 우리가 미치지도 않았는데 왜 정신병원에 가냐고, 창피하다고 하더라. 하지만 나는 클리닉에 가길 정말 잘했다고 생각해. 그리고 우리 딸이 용기를 내서 클리닉을 다니고, 극복하려고 노력했다는 사실이 정말 자랑스럽다."

"아빠……."

우리는 그렇게 서로 바라보지는 못했지만 그동안 하지 못했던 말들을 조금은 나눌 수 있었다.

아빠 집에 다녀온 뒤, 나는 눈에 띄게 달라지기 시작했다. 등에 짊어진 짐을 내려놓은 듯 마음이 홀가분해졌기 때문이다. 그리고 폭식하고 싶어질 때마다, 내 삶을 그냥 내던져버리고 싶어질 때마다 아빠가 했던 한마디를 떠올렸다. 내가 정말 자랑스럽다고 했던 그 한마디를. 그리고 조금씩 건강한 삶을 되찾기 시작했다.

혜진이는 가끔 나를 보며 놀려댔다.

"오, 내가 알던 오한나 맞아? 빨간색 옷을 입다니, 웬일이야?"

"숙제야, 클리닉 숙제!"

대답은 이렇게 했지만 난 알고 있었다. 박사님이 내준 숙제 때문만은 아니라는 것을.

예전에는 내 몸을 감추고 싶어 검은색이나 회색의 헐렁한 옷만 입었다. 하지만 박사님은 '밝고 환한 옷 입기'라는 숙제를 내주면서 이렇게 말했다.

"자신을 둘러싼 금기들을 하나씩 깨야 해요. 그러다보면 두려운 게 없어질 거예요. 빨간색, 주황색 옷 입는 게 어때서요? 그동안 입어본 적이 없어서 두려운 거지, 해보면 아무것도 아니에요."

박사님 말이 맞았다. 나는 그동안 하지 않았던 일들에 하나씩 도전하면서, 조금씩 자신감을 회복할 수 있었다.

박사님과의 마지막 시간을 마치고 클리닉을 나왔다. 오늘은 아빠 집에 가는 날이기도 하다. 처음 아빠 집을 방문한 후로, 나는 한 달에 한두 번씩 아빠 집을 오가기 시작했다. 아빠와 함께 텃밭을 일구고, 작은 강아지도 한 마리 기르고 있다. 물론 돌보는 건 대부분 아빠 몫이고 나는 가끔 가서 놀아주기만 할 뿐이지만.

그런데 오늘은 좀 특별한 날이다. 처음으로 엄마와 함께 아빠 집에 가는 날이기 때문이다.

클리닉을 나오니, 엄마가 건물 앞에서 나를 기다리며 서 있다.

"들어와서 박사님한테 인사하라니까, 왜 안 들어왔어?"

나는 엄마를 보자마자 퉁명스럽게 물었다.

"너는 엄마한테는 인사도 없냐? 박사님 만나기 싫어서 안 들어갔다, 왜?"

엄마는 여전히 클리닉이 싫다고 한다. 자꾸만 옛날 얘길 하라는 것도 싫고, 왠지 환자가 된 것 같은 기분이 드는 것도 싫다는 거다.

"박사님이 엄마한테 안부 전하래. 다음에 시간 나면 꼭 같이 뵙자고 하셨어."

"됐어, 얘. 그나저나 오늘 시골 갈 건데 뭘 이렇게 차려입었어? 불편하게."

차갑고 날카로운 엄마 말투는 여전하다.

"그래도, 우리 딸 예쁘네. 이렇게 입으니까. 앞으로도 이렇게 좀 입고 다녀. 청바지랑 헐렁한 티 같은 거 그만 입고."

"알았어, 알았어."

우리는 기다리고 있을 아빠를 생각하며 서둘러 버스정류장으로 향했다. 조금은 어색하게 나란히 걸으며.

클리닉에 왔던 그날 이후, 엄마와 아빠는 조금씩 가까워지고 있다. 엄마와 나도. 나로 인해 멀어진 것만 같았던 우리 가족이 조금씩 가까워지고 있다는 사실만으로도 나는 행복하다. 언젠가는 엄마와 아빠, 내가 예전처럼 서로 끌어안고 웃을 날이 오지 않을까? 이렇게 한 발짝 한 발짝 함께 나란히 걷다보면 말이다.

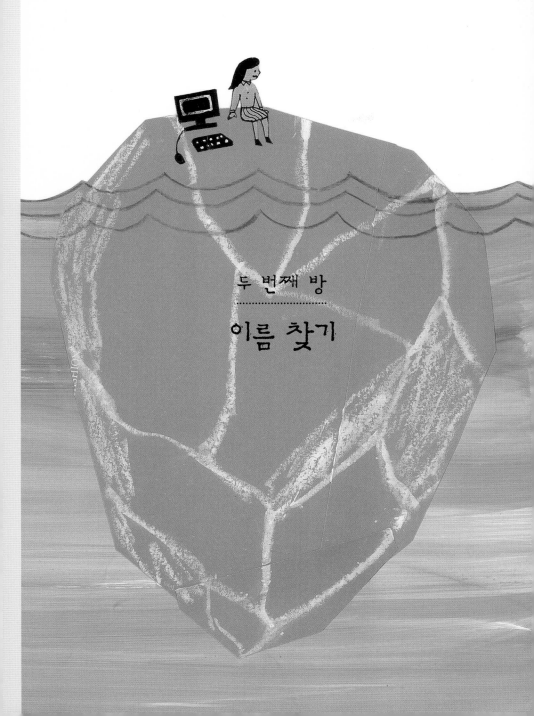

두 번째 방

이름 찾기

아빠와의 관계가 너무 힘들어요.

토토로 | 조회 225 | 추천 5 | 2014.4.15

언제까지 이렇게 참고 살아야 할까요? 제 자신이 너무 한심해요. 아빠한테 한 번만이라도 "싫어!"라고 말해보고 싶어요. 근데 막상 아빠 얼굴을 보면 입이 떨어지지가 않아요. 오늘도 부모님 잔소리에 그냥 알았다고, 안 가겠다고 하고 말았어요. 친구들이랑 여행 가기로 했는데, 안 보내주실 줄 알았지만 그래도 혹시나 하고 물어봤는데 역시……. 저 통금 시간이 9시예요. 저 같은 분 또 있나요? 그냥 우울해서 끄적거리고 갑니다. 그래도 이렇게나마 털어놓고 나니 마음이 좀 편하네요.

원더걸 토닥토닥, 님 힘 내세여! 부모님으로부터 독립하는 것도 방법이라는~~

ㄴ **토토로** 넵, 감사합니당~ 독립은 힘들 것 같아요. 부모님이 절대 허락 안 하실 거예요ㅠㅠ

크림파스타 헐, 통금 시간이 9시라……. 나이가 어떻게 되시는지?

ㄴ **토토로** ㅠㅠ 20대 후반이에요.

ㄴ **크림파스타** 님도 그렇고 님 부모도 그렇고 비정상이네요~ 아직 정신적으로 미성숙한 거 아닌가요?

ㄴ **토토로** 너무 함부로 말씀하시네요. 님이 그렇게 말씀 안 하셔도 충분히 힘든 상황이에요. ㅠㅠ

밝은생각 에휴, 비슷한 경험이 있어서 남의 일 같지 않네요. 님 심정 이해합니다. 그렇지만 그냥 포기하지 마세요. 위 분이 좀 함부로 쓰긴 했지만 아예 틀린 말은 아니에요. 20대 후반이면 부모로부터 독립할 나이가 맞아요. 님도 그러지 못해 괴로운 것 같은데……. 용기를 내셔서 한번 부모님과 진지하게 얘기 나눠보세요. 처음에는 떨리고 겁도 나겠지만 같이 얘기 나누다보면 해결 방법이 생길 거예요. 정 안 되면 친구 집에 잠시 가 있거나 해서 좀 떨어져 지내는 것도 방법이고요. 어쨌든 기운 내세요!

ㄴ **토토로** 앗, 밝은생각님이시다! 지난번에도 좋은 말씀 많이 해주셨죠? 혹시 밝은생각님 부모님도 저희 부모님이랑 비슷하신……?

ㄴ **밝은생각** ㅎㅎ 네, 저희 부모님도 한성격 하신다는~ 저를 너무 믿고 의지하셔서 그런 것 같아요. 그래도 저는 떨어져 지내고 나서 사이가 한결 좋아졌어요. 일단 어떻게든 독립해보세요.

ㄴ **토토로** 네, 정말 진지하게 고민해봐야겠어요. 밝은생각님, 고맙습니다. 고민 글 올릴 때마다 늘 친절하게 상담해주셔서 정말 힘이 돼요!

ㄴ **밝은생각** 에구, 별거 아닌 일인데요, 뭘. 힘이 되었다니 저도 기분 좋아요. 토토로님, 좋은 하루!

댓글을 달다보니 어느새 해가 기울어 방 안이 어두컴컴했다. 오늘도 인터넷 커뮤니티 사이트에 올라온 글을 읽으며 시간을 보냈다.

회사를 그만둔 지 벌써 석 달이 지났다. 그리고 집 밖으로 나가지 않은 지는 며칠이나 되었는지 모르겠다. 잠에서 깨어나 멍하니 눈을 뜨면, 오늘도 뭘 할까 생각하다 컴퓨터를 켠다. 다른 사람들이 올린 글을 읽고 고민 상담을 해주다보면 하루가 금방 지나간다.

내가 주로 활동하는 곳은 이삼십 대 젊은 여성들이 모이는 커뮤니티다. 내가 운영하는 곳도 아니고 게시판지기나 관리자 같은 직책이 있는 것도 아니지만, 종종 글을 올리고 댓글도 달고 하다보니 어느새 내 닉네임 '밝은생각'은 사이트 내에서 유명해지기 시작했다. 내 댓글에 공감하고 고마워하는 사람들의 반응을 보고 있으면 뿌듯하다. 커뮤니티 안에서의 나 '밝은생각'은, 언제나 긍정적이고 다른 이의 고민에 공감하고 좋은 대안까지 제시하는 사람이다.

하지만 현실에서의 나 송은주는 문을 걸어 잠근 채 며칠째 집 밖에 나가지 않았고, 이제는 마트에서 사람들과 마주치는 일조차 싫어 모든 물건을 인터넷에서 구매한다. 사실은 할 일이 없어서, 이렇게 인터넷 커뮤니티에 열중하는 것인지도 모른다.

한번 부모님과 진지하게 얘기 나눠보라고? 토토로님에게 쓴 댓글을 다시 읽다가 헛웃음이 나왔다.

'야, 송은주. 누가 누구한테 이런 충고를 하냐?'

토토로님에게는 부모님과 얘기 나누고 나면 좋은 방법이 생길지도 모른다고 했지만 사실 나는 한 번도, 단 한 번도 부모님에게 대든 적이 없다.

'앞으로 어떻게 살아야 할까?'

직장을 그만둔 사실이 집에 알려지면 난 다시 지옥 같은 집으로 돌아가야 한다. 겨우 탈출한 집인데, 다시 돌아갈 생각은 추호도 없다. 하지만 이렇게 직장도 없이 혼자서 살 생각을 하니, 앞이 막막했다.

난 싹싹하지도 않고 애교도 없다. 어렸을 때부터 그랬다. 아무도 내가 애교를 부리거나 장난을 치는 걸 봐주지 않았다. 어린 시절을 떠올려보면 동생을 돌보거나 엄마 심부름을 하거나 아빠에게 야단맞은 기억밖에 없다.

나는 그냥 묵묵히 참고 일하는 아이였다. 싫어도 싫다고 말할 줄 모르는. 아무도 칭찬해주지 않았지만 그냥 시키는 대로만 하면 적어도 야단은 맞지 않았다.

학교에서도 나는 존재감 없는 학생이었다. 선생님은 내가 뭘 잘하는지, 잘 못하는지 몰랐고, 나에게 관심도 없었다. 나는 투명인간처럼 관심을 받지 못하는 게 오히려 편했다. 튀는 행동을 하거나, 특별히 성적이 떨어지지만 않으면 다들 나를 가만히 내버려뒀으니까. 그래서 직장에서도 그렇게 지내면 될 줄로만 알았다.

그런데 직장생활은 달랐다. 한국의 회사라는 곳은 이십대 여직원에게 애교와 싹싹함을 요구한다. 함께 입사한 동기들보다 더 많이 일하고 더 묵묵하게 힘든 작업을 맡았는데 선배들은 내게 이렇게 말했다. 팀 막내인데 왜 귀엽지가 않냐고, 좀 웃고 다니라고.

황당했다. 문득 늘 숙이고만 있던 고개를 들고 주위를 살펴보니 동기 여직원들은 한결같이 방긋방긋 웃으면서 귀여움과 애교로 무장을 하고 있었다. 그 회사는 사실 처음부터 나와 맞지 않았는데 나는 그저 참고 견디면 될 줄만 알았다. 지금껏 그래왔듯이. 그리고 3년 뒤, 결국 나는 사직서를 내고 말았다.

징- 징-.

휴대전화 진동이 울린다. 벨 소리가 거슬려서 난 늘 휴대전화를 진동으로 해둔다. 발신인을 보니 아빠다. 가슴이 두근거린다.

'그냥 받지 말까?'

하지만 지금 받지 않으면 아까 왜 전화를 안 받았느냐는 물음에 또 답해야 한다. 나는 눈을 질끈 감고 전화를 받았다.

"여보세요?"

"퇴근했니?"

"아뇨, 야근……."

"다음 주에 네 동생 올라갈 거다. 그런 줄 알아라."

"누구요? 선주요?"

"그래, 결국은 올라가겠단다. 동생 쓸 이불이랑 좀 챙겨놓고, 집도 깨끗하게 해놓고, 알았어?"

"……."

"알았냐고?"

"예."

툭, 전화가 끊겼다. 선주가 결국 고집을 꺾지 않았나보다. 아빠는 남동생 영주와 막내 선주에겐 그나마 관대하다. 화를 내는 척하다가도 늘 동생들 말은 들어준다. 어렸을 땐 그게 당연한 줄만 알았다. 그리고 난 첫째고, 동생들처럼 어리지도 않고, 착한 딸이니까 동생들처럼 떼를 쓰거나 조르면 안 되는 줄만 알았다. 하지만 요즘은 가끔 억울하다는 생각이 든다. 그럴 때마다 가슴이 죄어드는 것처럼 답답하다.

"그럼 회사에서 쫓겨난 거네?"

버스터미널에서 만난 선주는 회사를 그만뒀다는 내 얘기를 듣자마자 이렇게 대꾸했다. 매일 출근하는 척하기도 너무 힘들 것 같아서 선주를 만나자마자 회사를 그만둔 사실을 털어놓았던 것이다.

"아니야, 내가 먼저 사표 냈어."

나는 고개를 숙이고 선주 옆을 걸으며 대답했다. 하지만 왠지 얼굴이 빨개지는 게 선주의 말이 맞는 것처럼 느껴졌다.

"그게 그거지, 뭐. 같이 점심 먹을 사람도 없었다며? 그렇게 사람들이 따돌리는 건 회사 그만두라는 무언의 압력이야."

"어, 그런가……?"

"언닌 그렇게 눈치가 없어서 앞으로 사회생활 어떻게 할 거야?"

"응, 그게……."

선주 말이 가슴을 콕콕 찌른다. 나도 다 안다. 사람들이 작정하고 나를 따돌렸다는 걸. 그래도 다른 사람도 아닌 동생의 입을 통해 그 사실을 확인하니 나 자신이 더 한심하게 느껴진다.

"아무튼 아빠한텐 비밀이야. 알지?"

"알았어. 아빠가 알아봐야 나도 좋을 거 없어. 둘이 같이 내려오라고 야단일 텐데, 안 그래? 겨우 아빠 설득해서 서울 왔는데 바로 내려갈 순 없지! 걱정 마."

'역시 털어놓길 잘했어.'

생각보다 마음이 편했다.

집에 가까워오자, 어느새 저녁 무렵이다.

"저녁에 뭐 먹을까? 먹고 싶은 거 있어?"

내 말에 선주가 신이 나서 대답했다.

"엄마가 밑반찬 잔뜩 싸줬어. 근데 나 언니가 만든 파스타 먹고 싶어. 토마토 파스타. 해줄 거지?"

"어, 파스타?"

"응, 그거 해줘!"

"그럼, 어려운 것도 아닌데. 해줄게. 집에 가자."

하지만 선주와 함께 집에 들어와 냉장고를 열고 나서 깨달았다. 집에 재료가 하나도 없다는 것을. 그동안 필요한 물건을 인터넷으로 몇 번 주문하긴 했지만, 기본적인 요리 재료나 반찬 들을 마트에서 산 지는 꽤 오래되었다.

"선주야, 언니 마트 갔다 올게."

"지금? 왜?"

"아, 토마토가 없어서……. 있는 줄 알았는데."

"그래? 그럼 아까 오는 길에 마트 잠깐 들를걸. 말하지 그랬어?"

"그러게, 몰랐네……."

선주 얼굴이 구겨졌다. 배가 고픈 모양이다.

"언니, 같이 갈까?"

"그래! 같이 가자. 금방 만들어줄게."

선주는 금방 만들어주겠다는 말에 기분이 다시 좋아졌는지 눈웃음을 치며 내 팔짱을 낀다. 타고난 애교에 귀여운 얼굴, 사근사근한 성격으로 어디서든 사랑받는 선주. 내가 어둠이라면 선주는 빛이다.

"선주야, 계획은 세우고 올라온 거야?"

"아, 몰라. 그냥 집에 있기 싫어서. 일단 서울 생활 적응 좀 하고 나서 천천히 알아볼래. 참, 아빠한텐 면접 보러 다닐 거라고 했다. 알았지? 언니도 비밀 지키는 거야!"

"알았어."

선주와 함께 마트로 향했다. 오랜만에 마음이 든든했다. 밝은 선주와 함께 있으니 막연한 불안감도 조금 잊을 수 있었다.

제가 너무 예민한가요?

행복바라기 | 조회 172 | 추천 0 | 2014.4.16

직장에서 성희롱을 당하고 있는 것 같습니다. 입사한 지는 6개월 정도 되었어요. 부장님이 함께 점심을 먹을 때 꼭 저를 자기 테이블로 불러 앉히고, 회식 때도 술을 자꾸 권해서서 좀 부담스럽다는 생각은 했었어요. 최근에는 정말 불쾌한 일을 여러 번 당했습니다. 한번은 엘리베이터에 우연히 부장님과 단둘이 타게 되었는데, 제 어깨에 머리카락이 붙었다며 떼어주는 척하면서 제 어깨를 잡으시더니 귓속말로 "오늘 참 예쁘네." 하고 속삭이더군요. 제 어깨에서 손을 내리는 척하면서 등을 훑어내리기까지 했습니다. 그 다음부터는 저를 보는 눈빛이 왠지 불쾌하고 소름이 끼칩니다. 비슷한 일이 한두 번 더 있었는데, 어떻게 대처해야 할지 몰라 그냥 가만히 있기만 했네요. 회사를 그만둬야 하나 싶은 생각까지 들어요. 객관적으로 조언해주세요.

쩡이맘 헉~ 아직도 이런 사람들이 있네요. 요즘 어떤 세상인데! 그래도 힘들게 들어간 직장인데, 쉽게 그만두지 마세요. 님이 잘못한 것도 없잖아요~

ㄴ **행복바라기** 네……. 그렇긴 한데, 출근하기가 너무 싫어요. 부장님이 이상한 거 맞죠?

다이어트하는여자 님이 처신을 잘하셔야겠네요. 그냥 피하세요~

ㄴ **행복바라기** 네, 그냥 참고 다녀야겠죠?

커뮤니티에 올라온 글을 읽다가 답답해서 한숨이 나왔다.
'그냥 참으라니……. 말도 안 돼.'
나도 모르게 손가락이 움직여 댓글을 작성하고 있다.

밝은마음 댓글들이 충격적이네요. 어떻게 참고 다니라고 하죠? 명백히 부장이라는 사람이 변태 같은데…….

ㄴ **행복바라기** 그럼 어떻게 해야 할까요? 부장님 눈 밖에 나면 회사 다니기 힘든데…….

ㄴ **밝은마음** 무조건 피하지 말고 정확하게 선을 그어야죠. 다시 비슷한 일

이 생기면 싫다는 표시를 하시고 강하게 대응하세요!

   ㄴ **쩡이맘** 그러다 행복바라기님이 회사에서 잘리면 님이 책임질 건가요?

   ㄴ **밝은마음** 여자의 적은 여자라더니……. 이런 태도 때문에 직장 내 성희롱이 없어지지 않는 거예요. 바보같이 굴지 말고 다들 정신 차립시다~!

   ㄴ **토토로** 말이 좀 심하시네요. 그럼 묵묵하게 참고 직장생활 하는 여자들이 다 바보란 소리예요?

   ㄴ **밝은마음** 싫다는 말도 제대로 못하고, 자기 몸에 대한 권리를 당당하게 외치지도 못하는 사람이 바보가 아니면 뭔가요?

   ㄴ **쩡이맘** 밝은마음님, 늘 따뜻한 댓글에 감사했는데 이번엔 좀 놀랐어요. 님처럼 불의에 맞서서 당당하게 말할 수 있다면 좋겠지요. 하지만 대부분의 여자들은 아이 때문에, 돈 때문에 겨우겨우 참으면서 직장생활을 한답니다. 여자의 적은 여자라는 말은 님에게 더 어울려요.

자판을 두드리던 손가락이 바들바들 떨렸다.

'내가 적이라고?'

   ㄴ **밝은마음** 참는 게 능사는 아니에요. 싫다는 표현 정도는 당연히 할 수 있어야 하지 않을까요? 전 제 말이 심했다는 생각은 안 드는데요.

   ㄴ **쩡이맘** 님은 그럼 직장에서 싫으면 싫다, 좋으면 좋다 다 표현하고 사시나보죠?

순간 얼굴이 빨갛게 달아올랐다. 모니터에 내 손가락이 쓴 글자들이 보였다.

싫다는 표현 정도는 당연히 할 수 있어야 하지 않을까요?

'내가 저런 말을 하다니…… 정말 뻔뻔하다.'
다들 나를 다그치기로 작정이나 한 듯 댓글들이 계속 달리고 있다.

ㄴ **다이어트하는여자** 밝은마음님은 그러실 듯. 여기서도 늘 혼자서 아는 척, 정의로운 척은 다 하잖아요. ㅋㅋㅋ
ㄴ **퍼플걸** 밝은마음님은 언제나 자기 말만 옳다고 생각하시는 것 같아요. 다른 사람 말도 좀 들어보세요~
ㄴ **순이맘** 솔직히…… 밝은마음님한테 상처받은 분들도 많을걸요? 공개적으로 얘기하긴 좀 그렇지만…….

나는 순식간에 커뮤니티 안의 적이 되었다. 커뮤니티 속의 나 '밝은마음'은 언제나 고마운 존재, 완벽한 존재라고 생각했는데, 혼자만의 착각이었던 것이다.
계속 읽고 있자니 견딜 수가 없어서 나는 컴퓨터를 꺼버렸다. 방을 밝히던 유일한 불빛이 꺼지니 온통 깜깜했다. 세상모르고 자는 선주 얼굴을 들여다보다가 나도 그 옆에 누웠다. 나를 지탱해주던 세계가 와르르 무너져버린 듯 절망감에 사로잡혔다.

'세상 어디에도 내 자리는 없는 걸까? 죽고 싶다…….'

나는 뒤척이다 새벽녘에야 겨우 잠이 들었다.

"언니, 일어나! 배고파."

선주가 흔들어 깨우는 바람에 겨우 잠에서 깬 시계를 보니 오전 열한 시다.

"벌써 시간이 이렇게 됐네……."

"무슨 잠을 그렇게 깊이 자? 언니, 회사 그만두더니 밤낮 바뀐 거 아냐?"

부스스한 머리를 대충 잡아 묶고 이불 밖으로 나오는 나를 보며 선주가 혀를 끌끌 찬다.

"어제 잠을 설쳐서……."

"인터넷 좀 그만 봐. 저녁 먹고 나서 내가 잠들 때까지도 인터넷만 보고 있었잖아. 그러느라 밤샜지? 도대체 뭘 그렇게 열심히 봐? 취업 사이트 같지도 않던데……."

"이제 안 볼 거야."

나는 커뮤니티에서 탈퇴할 작정이다. 어제 잠을 뒤척이면서 내린 결론이었다.

'그깟 인터넷 사이트가 뭐라고…….'

"언니, 멍하니 있지 말고 빨리 밥해줘. 먹고 나가게."

"어딜?"

"서울에서 직장 다니는 친구들 있어. 오늘 토요일이잖아. 낮에 만나서 수다 떨기로 했단 말이야."

"어, 알았어…….""

나는 부랴부랴 냉장고를 열어 재료들을 썰고 된장을 풀어 찌개를 끓이기 시작했다. 전기밥솥에서 맛있는 밥 냄새가 풍길 때쯤, 선주는 화사하게 화장을 마치고 옷을 갈아입었다.

"와, 언니가 끓인 된장찌개다! 엄마가 끓인 거보다 언니가 끓인 게 난 더 맛있더라. 헤헤."

"어렸을 때 내가 자주 끓여줬잖아. 그래서 그런가보지."

"맞아, 생각해보면 엄마가 해준 밥보다 언니가 해준 밥을 더 많이 먹고 컸어, 내가."

선주는 수다를 떨어대며 바쁘게 밥을 입에 밀어넣었다. 그러고는 순식간에 밥 한 공기를 뚝딱 비워냈다.

"언니, 나 나간다. 이따 저녁에 봐!"

선주가 나가자 집 안이 썰렁해졌다. 나는 남은 찌개를 앞에 놓고 숟가락을 들었지만 입맛이 돌지 않았다.

'예전이나 지금이나 내 인생은 달라진 게 없네…….'

도망치듯 서울로 올라오기 전에도 그랬다. 동생들 밥을 챙겨 먹이고, 청소를 하고, 묵묵히 혼자서 집안일을 한다.

나는 초등학생 때부터 아빠 가게에서 심부름을 했다. 집에 가면 설거지를 하거나 동생들을 챙겼다. 나보다 여섯 살 어린 선주는 언제나 아빠 엄마 옆에서 재롱만 떨었다. 중학생이 되어도 고등학생이 되어도 선주는 늘 어리고, 아무것도 모르는 막내다. 지금도.

"휴……."

나도 모르게 한숨이 나왔다. 나는 밥을 뜨다 말고 일어나 식탁을 정리하고 설거지를 했다. 인터넷도 하지 않고 집에 혼자 있으려니 집안일 말고는 할 게 아무것도 없었다. 선주는 서울에 올라오자마자 친구들을 만나러 다니는데, 나는 몇 년을 서울에서 혼자 살았지만 맘 편히 만날 친구도 없다.

괜히 휴대전화를 들어 연락처를 뒤적여봤지만, 만나고 싶은 사람은 아무도 없었다.

'책이나 읽자.'

나는 책꽂이에 꽂힌 책을 아무렇게나 한 권 골라 읽기 시작했다.

"언니, 일어나! 또 자?"

책을 읽다 까무룩 잠이 들었었나보다. 일어나보니 형광등 불빛이 파랗다. 선주는 언제 돌아왔는지 내 옆에 앉아 옷을 갈아입고 있었다.

"어, 왔어? 지금……. 몇 시야?"

"아홉 시. 언니 설마 나 나가고 지금까지 잔 건 아니겠지?"

"아니……. 책 읽다가."

"하루 종일 혼자 뭐 했어? 꼬라지를 보니 밖에도 안 나갔고만."

"너, 언니한테 꼬라지가 뭐냐?"

"크큭, 언니 거울 좀 봐. 진짜 한숨 나온다. 어쩌려고 그래?"

푸석푸석하고 둔해 보이는 얼굴이 거울이 비쳤다. 내 얼굴이다. 머리카락은 온통 뒤엉켜 엉망으로 뻗어 있다.

"언니도 외모에 관심 좀 가져봐. 꾸미면 괜찮을 텐데."

"어……. 밥은 먹었어?"

"먹었지, 시간이 몇 신데? 언닌, 저녁 먹었어?"

선주가 식탁으로 가더니 밥솥을 열어본다.

"뭐야, 언니 손도 안 댔네? 하루 종일 아무것도 안 먹었어? 왜 그래?"

"어, 입맛이 없네……."

"사람이 먹어야 살지. 혹시 다이어트해?"

"아니……."

"언니, 말해봐. 여태 이렇게 살았어? 아무것도 안 먹고, 밖에도 안 나가고, 하루 종일 인터넷만 보고, 그렇게?"

"……."

"언니, 언니……. 흑흑……."

선주가 갑자기 울음을 터뜨렸다.

"선주야, 왜 그래? 왜 울어?"

"언니, 왜 그래? 흑, 언니 진짜 이상한 거 알아?"

"내가 뭘……. 피곤해서 그러지."

"아니야, 아니야."

선주는 눈물이 번진 얼굴을 들어 나를 바라보더니 이렇게 말했다.

"어제 언니 얼굴 처음 봤을 때부터 이상했어. 내가 알던 언니 아니야. 눈빛이 흐리멍덩하고, 내가 무슨 말을 해도 멍하게 반응하고……. 예전엔 안 그랬어. 똑똑하고 뭐든 잘했잖아. 엄마가 집에 없어도, 언니가 엄마처럼 우리 다 돌봐줬잖아. 언니 왜 그래? 무슨 일 있었어?"

"선주야……."

선주의 말이 가시처럼 콕콕 내 가슴에 박혔다. 나도 안다. 내가 이상해졌다는 걸. 무력하고 아무것도 못하는 사람이 되었다는 걸. 하지만 선주의 눈에 비친 나는 내 생각보다도 훨씬 형편없었나보다.

눈물을 뚝뚝 흘리는 선주에게 나는 해줄 말이 없었다.

"언니……."

선주가 눈물을 닦던 손으로 내 손을 잡으며 물었다.

"혹시 우울증, 뭐 그런 거야? 그런 거 걸린 거야?"

나는 선주의 손을 뿌리치고 말았다.

"말도 안 돼."

나는 그만 선주를 외면한 채 다시 누웠다. 선주가 하는 말을 듣기도, 인정하기도 싫었다. 그런 내 뒷모습을 말없이 바라보는 선주의 시선이 느껴져 이불 속으로 자꾸만 숨고 싶었다.

"외할머니, 나 안 갈래. 외할머니랑 같이 살 거야. 외할머니, 외할머니!"

눈물을 흘리며 잠에서 깼다.

'아…… 또 외갓집 꿈을 꿨네.'

요즘 걸핏하면 외갓집 꿈을 꾼다. 나는 힘들 때면 외갓집에서 외할머니와 함께 지냈던 여섯 살 때로 돌아가는 꿈을 꾸곤 한다. 어쩌면 그때가 내 인생에서 가장 행복했던 순간인지도 모른다.

'외할머니 돌아가신 지 이제 10년도 넘었네……. 외할머니, 보고 싶다.'

눈을 감으면 정겨운 외갓집 풍경이 지금도 손에 잡힐 듯 그려진다. 무엇 때문이었는지 정확하게 기억은 안 나지만 나는 여섯 살 때 1년 동안 외갓집에 맡겨졌다. 외갓집은 버스도 잘 다니지 않는 시골 벽촌이었다. 하지만 아무것도 없는 그곳이 내겐 천국 같았다. 외할머니가 언제나 곁에 있었기 때문이다.

"내 강아지, 오늘은 뭐가 먹고 싶누?"

내가 잠에서 깨어 눈곱을 떼며 마당으로 나가면, 외할머니는 일손을 잠시 놓고 나를 꼭 안아주며 이렇게 묻곤 했다. 외할머니는 내가 투정을 부려도, 장난을 쳐도, 언제나 웃는 얼굴로 그 모든 걸 받아주었다. 지금도 숨을 훅 들이마시면 나를 안아주던 외할머니 냄새를 맡을 수 있을 것만 같다…….

정신을 차리고 보니, 선주는 이미 나가고 없다.

선주가 서울에 온 지 벌써 열흘이 넘었다. 선주는 매일 바쁘다. 친구도 만나고, 일자리도 알아본다고 했다.

'오늘은 누구를 만난다고 했더라……?'

어제 저녁을 먹으면서 선주가 말했던 것 같은데 정확하게 기억이 나지 않는다. 요즘은 머릿속이 안개가 낀 듯 뿌옇다.

'오늘은 뭘 하지?'

시계를 보니 열 시가 좀 넘었다. 구석에는 선주가 벗어놓은 옷이 산더미처럼 쌓여 있다. 빨래도 해야 하고, 저녁을 차리려면 마트도 가야 하는데 몸을 움직이기가 싫다. 나는 다시 눈을 감고 누웠다.

'외할머니, 보고 싶다…….'

눈을 감으면 언제든 가고 싶은 곳으로 갈 수 있다. 나는 눈을 감고 여섯 살의 내가 되어 외갓집으로 돌아갔다.

"언니, 언니?"

흔들어 깨우는 소리에 흠칫 놀라 눈을 뜨니, 언제 왔는지 선주가 내 옆에 앉아 있었다.

"어, 왔어? 까…… 깜박 잠들었네."

나는 지난번처럼 선주가 난리를 칠까봐 서둘러 몸을 일으켰다.

"언니, 나 취직했어. 내일부터 출근!"

선주가 웃음기 가득한 얼굴로 말했다.

"진짜? 잘됐다! 무슨 일인데?"

"작은 사무실 사무 보조. 친구의 친구가 소개해줬어. 싹싹한 신입 직원 구한다고 해서. 아침에 면접 봤는데, 마음에 든다고 바로 출근 하래. 잘됐지? 아빠가 다시 내려오라고 하면 어쩌나 조마조마했는데. 아, 드디어 해방이다!"

그제야 어제 선주가 아침에 면접 보러 가야 한다고 했던 말이 기억 났다. 혹시 못 일어날지 모르니까 일찍 일어나면 깨워달라고 부탁했 던 것도.

"내가 늦잠 자서 깨워주지도 못했는데, 용케 일어났네?"

"크큭, 내가 또 한다 하면 하는 사람이잖아? 어떻게 찾은 일자린데 늦잠 자느라 놓치겠어? 참, 언니도 내일부터 갈 데 있다!"

선주가 눈을 반짝 빛내며 말했다.

"나? 내가 어딜 가?"

"언니, 화내지 말고 들어."

선주가 한참 뜸을 들이더니 내 눈치를 보면서 말을 이었다.

"언니가 우울증에 걸렸는지는 모르겠지만, 앞으로 계속 이렇게 무기력하게 살 순 없잖아? 내가 인터넷으로 좀 찾아봤어. 우울증 관련 카페 같은 데도 들어가보고. 사람들이 추천해준 심리클리닉이 하나 있어서 홈페이지 가봤는데, 괜찮아 보이더라. 그래서 내 맘대로…… 예약했어. 내일 오전 열한 시. 갈 거지?"

어안이 벙벙했다.

'심리클리닉이라니, 왜 내가 그런 곳에 가야 하지?'

내 표정이 굳어진 것을 눈치채고 선주가 애교를 부리기 시작했다.

"언니, 부탁이야. 막냇동생 부탁 한 번만 들어주라. 응? 다시는 이런 부탁 안 할게."

"심리클리닉이라니, 도대체 뭐 하는 데야?"

"심리치료라는 걸 해주는 곳인데, 사람들 말로는 믿을 만하대. 홈페이지에 치료 후기도 올라와 있는데 되게 감동적이야. 언니, 한번 가보고 이상하면 다신 안 가면 되잖아, 응? 한 번만 가봐."

선주는 한번 고집을 부리면 누구도 꺾을 수가 없다. 그런 면은 아빠와 꼭 닮은 것만 같다. 나는 성화에 못 이겨 내일 가보겠다는 약속을 선주에게 하긴 했지만 기분이 좋지 않았다.

'내가 왜 그런 곳엘……. 한 번만 가보는 거야. 선주 말대로, 한 번

가고 다신 안 가면 되니까.'

　오랜만에 외출을 하려니 괜히 떨렸다. 불안한 내 마음을 아는지 모르는지 선주는 신이 나서 내일부터 출근할 회사에 대해 떠들고 있다. 선주의 이야기가 내 귓가를 스치고 지나갔다.

　클리닉 문 앞에서 한참을 고민하다 겨우 용기를 내 문을 열었다. 따뜻한 공기가 나를 감쌌다. 열한 시에 예약을 했다고 하니 안내데스크에 있던 직원이 인적사항을 적을 서류와 문답지를 주며 안내를 해준다. 빠른 속도로 문답지를 작성했다. 다 쓰고 나자 직원은 나를 곧장 어떤 방으로 안내해주었다.

　"앞으로는 J 박사님께서 치료해주실 거예요. 여기가 J 박사님 방이랍니다."

　'J 박사님……? 어떤 사람일까?'

　방문을 열고 들어가니, 온화해 보이는 한 사람이 앉아 있다. 간단히 인사를 나누고 자리에 앉자 박사님이 물었다.

　"어떻게 클리닉에 오시게 되셨나요?"

　"동생이 예약을 해줬어요. 동생이 보기엔 제가 우울증에 걸린 것 같나봐요."

　나는 뭐라 대답할까 망설이다 이렇게 대답했다.

"본인 생각은 어때요?"

"그 정돈 아닌 것 같아요. 요즘 좀 무기력하긴 했지만, 그동안 직장 생활을 하느라 너무 피곤했거든요. 재충전하는 기간이라 좀 늘어져 있는 것뿐이에요."

나는 설핏 웃으며 말을 이어갔다. 미소를 지으며 또박또박……. 하지만 마음속으로는 다른 말을 하고 있었다.

'나도 내 감정을 모르겠어요. 모든 게 뒤죽박죽이에요. 아무 의욕도 없고 즐거움도 다 사라져버렸어요…….'

"그랬군요. 요즘 좀 무기력했나요? 어떻게 지내고 계시는지 좀 들어볼까요?"

"그냥……. 하루하루 아무 일 없이 지내고 있어요. 동생 밥 챙겨주고, 집안일도 하고, 책도 읽고요. 밖에 나가기가 귀찮아서 집에 있는 시간이 좀 많아요. 하지만 집에만 있다고 다 우울증 환자인가요? 그건 아니잖아요."

나도 모르게 성마른 말투가 튀어나왔다. 선주에게 화가 났다.

'걔는 왜 날 환자 취급하는 거야? 이런 곳에나 오게 하고…….'

내가 숨을 몰아쉬며 화가 난 기색을 감추지 못하자 박사님은 잠시 뜸을 들이더니 이렇게 말했다.

"자, 이건 DBT 자가진단 체크리스트예요. 한번 해보시겠어요?"

박사님은 작은 노란색 종이를 내밀었다.

❶ 내 마음속에 끓어오르는 화, 어떻게 해야 할지 모르겠어요.

❷ 내 감정, 나도 모르게 자꾸만 바뀌어서 실수를 너무나 많이 해요.

❸ 사람들이 나를 멀리해요. 그래서 나도 사람들을 떠나고 싶어요.

❹ 나도 모르게 충동적으로 말하고 행동해요. 그래서 나도 내 마음을 알 수가 없어요.

❺ 한없이 마음이 가라앉고, 사는 게 무의미해요.

❻ 죽고 싶다는 생각을 자주 하고, 생명에 위험한 행동도 하게 돼요.

❼ 스트레스를 받으면 음식을 먹는 일이 끔찍해요. 혹은 너무 많이 먹게 돼요.

❽ 내 운명은 왜 이렇죠? 얽히고설켜 있어요. 나는 정말 필요 없는 존재일까요?

❾ 나도 모르게 내 삶을 파괴하는 행동을 해버려요.

❿ 감정에 휩싸이면 혼란스러워져 집중할 수가 없어요.

'DBT가 뭘까?'

제목부터 낯설어 조금 멈칫했지만 항목을 읽어내려가니 체크할 곳이 생각보다 꽤 많았다. 1번과 2번, 3번, 5번……

박사님은 내 체크리스트를 들여다보고는 물었다.

"언제 화가 끓어오르나요?"

"글쎄요……"

"최근에 화가 났던 일을 한번 얘기해보세요. 생각나는 대로 편안하게요."

문득 아빠와 통화했던 일이 생각났다. 선주가 함께 살게 된 뒤, 아빠의 전화는 더욱 잦아졌다. 내가 선주를 잘 챙기고 있는지, 선주가 회사는 잘 다니고 있는지가 궁금하신 거다. 아빠가 전화를 할 때마다 나는 가슴이 두근거리고, 통화가 끝나고 나면 전화기를 집어던지고 싶어진다.

"늘 일방적으로 하고 싶은 말만 하고 끊으세요. 그래선지 통화가 끝나고 나면 화가 치밀어올라요."

"아버님 이야기를 좀더 해주시겠어요? 아버님께선 어떤 분이죠?"

"아빠가 어떤 사람이냐고요……?"

우리 아빠는 어떤 사람일까? 친구들에게는 의리 있고 성실한 사람, 하지만 우리에겐 권위적이고 무서운 아빠였다. 그리고 벌이는 사업마다 끝이 좋지 않았다……. 아빠는 기분이 좋지 않을 때는 언제나 나와 엄마에게 거침없이 욕을 했다. 한없이 다정하다가도, 자신의 뜻을 거스르는 행동을 하거나 시키는 대로 하지 않으면 불같이 화를 냈다. 특히 내게는.

"이런 것도 제대로 못하고, 너는 왜 그 모양이냐? 한심스럽게……. 맏딸은 살림 밑천이라는데."

엄마를 도와 고사리손으로 집안일을 할 때, 작은 실수 하나에도 나는 아빠의 불같은 질책을 들어야만 했다. 나는 맏딸이니까, 장녀니까.

"아빠가 싫지만, 한편으론 아빠에게 착한 딸이 되고 싶은 마음도 있어요. 하지만 잘 안 돼요. 늘 실수만 하고, 부모님의 기대는 큰데 제가 거기에 못 미치는 것 같아서 스스로가 한심할 때도 많아요."

박사님은 진지한 얼굴로 내 얘기를 듣더니 물었다.

"어머님은 은주씨를 어떻게 대하셨나요?"

"내가 혼날 때면 같이 무서워하셨어요. 한 번도 내 편을 들어주신 적이 없었던 것 같아요. 오히려 아빠에게 혼나고 나면 '장녀니까 더 잘해야지' 하면서 아빠 편을 드셨죠."

"그런 말을 들으면 어떤 마음이 드셨나요?"

"화가 날 때도 가끔 있었어요. 내가 왜 이런 대접을 받아야 할까 생각하면서요. 하지만 그냥 멍할 때가 더 많은 것 같아요……. 죽어버리고 싶기도 하고요……."

"한국 사회에는 다른 나라에서는 잘 찾아볼 수 없는 콤플렉스가 하나 있어요. 바로 장녀 콤플렉스예요. 난 맏딸이니까, 장녀니까 더 잘해야 하고, 베풀어야 하고, 효도해야 한다는 콤플렉스에 시달리는 거예요. 은주씨는 먼저 그 콤플렉스에서 벗어나셔야 할 것 같아요."

"네?"

생각지도 못한 말에 나는 어안이 벙벙했다.

"그 정도는…… 그런 건 아니에요. 전…… 괜찮아요."

박사님은 조용히 말을 이었다.

"지금까지 참고 인내하고, 가족을 위해 헌신하는 마음으로 살아오셨어요. 분명 훌륭한 마음가짐이에요. 하지만 부당하게 당하면서도 참을 수밖에 없는 가정환경은 본인에게 매우 좋지 못해요. 이런 환경을 우리는 '비수인적 환경Invalidating Environment'이라고 부릅니다. 이러한 환경에 오랜 기간 노출이 되면 감정조절이 어려워지거나 자기 파괴적인 생각과 행동을 하게 되지요. 사회적 관계에 지나치게 의존하거나 공격적인 사람이 되는 경우도 많고요. 우리는 이걸 '경계선 성격장애'라고 불러요."

나는 고개를 숙이고 애써 박사님의 말을 외면하려 했다. 하지만 마음속 깊은 곳에서는 그의 말을 받아들이고 있었다.

"DBT는 이런 어려움에 처한 사람들을 치료하는 심리치료 방법이에요. 저와 함께 치료 과정을 거치다보면 은주씨를 고통스럽게 하는 문제들을 하나씩 해결해가실 수 있을 겁니다."

박사님은 흰 종이를 테이블 위에 올려놓더니 이렇게 말했다.

"먼저 본인의 마음을 정면으로 바라보는 일부터 시작해봅시다. 자기 자신에 대해서 한번 써보는 거예요. 나는 어떤 사람인지, 또 내 가족은 어떤지. 할 수 있겠어요?"

"네⋯⋯."

나는 혼자 방에 남았다. 나는 대체 어떤 사람일까. 이제껏 한 번도 들여다보지 못한 내 마음을 나는 흰 종이에 쏟아내기 시작했다.

가장 행복했던 순간이 언제냐고 누가 묻는다면 나는 외할머니와 함께 살던 여섯 살 때라고 대답하겠다. 외할머니는 나를 사랑해준 유일한 사람이다. 외할머니와 헤어져 다시 집에 돌아오자, 나는 더이상 철없는 어린아이로 남아 있을 수 없다는 사실을 깨달았다. 세 동생을 돌보고 부모님을 도와야 했기 때문이다.

아빠는 욕심이 많은 사람이었다. 늘 감당하기 힘든 사업을 벌여 가족 모두를 힘들게 했다. 엄마는 아빠 뒤치다꺼리를 하느라 집안을 돌볼 겨를이 없었다. 집안일은 당연히 내 몫이었다.

동생들이 잘못하거나 다쳐도 내가 혼이 났다. 집안일을 하다 실수를 해도 혼이 났다. 나는 아빠가 무서워 늘 기가 죽어 있었다. 철이 든 후로는 늘 집을 벗어나고 싶다는 생각을 했다. 그래서 다른 사람과 어울리기보다는 혼자 책을 읽거나 공상에 잠기는 일이 많았다.

학교에서도 친구를 사귀기 힘들었다. 수업이 끝나면 언제나 집으로 뛰어가 집안일을 해야 했기 때문이다. 친구들은 그런 내가 이상하게 보였을 것이다. 하지만 나도 친구들이 철없고 어리게만 보였다.

동생들에겐 내가 엄마 같은 존재였다. 나도 동생들을 위해 뭔든 양보하고 자신을 희생하는 걸 당연하게 생각했다. 하지만 동생들은 그런 나에게 한 번도 고마워하지 않았다.

아무리 열심히 일하고 부모님 말씀에 순종해도, 부모님은 언제나 나를 비난할 뿐 한 번도 칭찬을 해준 기억이 없다. 나는 자신감도 없고 아무런 꿈도 없는 상태로, 오직 독립할 날만 기다리며 대학에 들어갔다. 그때부터,

'가족들이 내게 왜 이럴까, 왜 나를 힘들게만 할까'라는 생각을 가끔씩 했던 것 같다.

대학을 졸업하고 취업에 성공해 겨우 집에서 벗어나 서울로 왔다. 하지만 나는 행복하지 않았다. 동료들과 친해지지도 못했고 회사에서 인정받지도 못했다. 결국 직장을 그만두고, 나는 완전히 외톨이가 되었다. 앞으로 어떻게 살아야 할지 모르겠다.

흰 종이에 내 이야기를 빼곡하게 채우고 나니 마음이 한없이 가벼웠다.

"이제 저와 함께 DBT 프로그램을 시작할 거예요. 그동안 잘못된 성격을 형성했던 문제들을 해결하기 위해 다양한 스킬들을 배우실 겁니다. 예를 들어, 항상 억누르기만 했던 감정을 조절하는 법, 권위적인 사람을 대하는 효과적인 방법 들을 배울 수 있습니다. 이 과정을 통해서 은주씨는 마음속에 쌓인 화를 털어내고 당당함과 자신감을 회복할 수 있어요."

박사님은 앞으로의 계획을 간단히 설명해주었다.

"개인 상담치료와 함께, 1주일에 한 번 다른 분들과 함께 DBT 수업에 참여하셔야 합니다. 비슷한 어려움을 겪는 다른 분들과 새로운 스킬을 적용하는 법을 배우고 그 경험을 나누게 됩니다."

'잘할 수 있을까?'

갑자기 다른 사람을 만나려니 두려움이 앞섰다.

"모두 좋은 분들이에요. 게다가 이 수업은 비밀 유지가 기본 원칙입니다. 서로 공개한 개인적인 사정들은 이 공간에서만 공유되는 것이지요. 좋은 경험이 될 겁니다."

막막했다. 하지만 한편으로는 기대감이 스멀스멀 피어올랐다. DBT가 뭔지 아직 경험해보진 못했지만 나에게 도움이 될 것 같다는 느낌이 들었기 때문이다.

DBT 치료를 하면서, 내 생활은 조금씩 바뀌기 시작했다. 마인드풀니스Mindfulness 스킬, 대인관계 스킬, 감정조절 스킬, 고통감내 스킬 등 DBT 프로그램으로 익힌 여러 스킬 가운데 내가 가장 신경쓰는 것은 감정조절 스킬이다. 박사님은 내가 지나치게 감정을 억압하고 있다고 했다. 또 부정적인 감정 상태에서 벗어나려면 건강한 생활을 해야 한다고 강조했다.

'PLEASE MASTER를 기억하자.'

오늘도 나는 눈을 뜨자마자 박사님과의 약속을 떠올렸다. 그러고는 따뜻한 이불 속으로 파고들고 싶은 마음을 억누르며 자리에서 일어났다. 'PLEASE MASTER 스킬'은 몸을 잘 보살피고Physical illness, 균형 잡힌 식사를 하고Eating, 술이나 약처럼 인위적으로 기분을 바꾸는 것들을 피하며 Altering drugs, 충분히 잠을 자고 Sleep, 적절한 운동을 하고 Exercise, 자신감을 얻을 수 있는 일 Mastery을 하며 몸과 생활을 건강하게 유지하는 것이 목표다.

나는 옆에서 자는 선주를 깨우고는 아침 식사를 준비하러 주방으로 향했다.

"언니, 나 10분만!"

선주는 뒤척이다 다시 얼굴을 베개에 묻고 잠이 든다. 나는 그런 선주를 보며 어제 끓여놓은 국을 덥히고 재빨리 세수를 했다.

"언니 때문에 못살아. 전엔 잠만 자더니 요즘은 왜 새벽부터 야단이야. 나 아침 안 먹어도 된다고!"

달그락거리는 소리에 선주는 결국 잠에서 깼나보다.

"그래도 밥 먹고 출근해야지. 나도 치우고 문화센터 가려면 서둘러야 해."

요즘 나는 문화센터에서 하는 베이킹 수업을 듣고 있다. 전문가 과정이라서 수료하면 자격증도 받을 수 있다. 내가 기분 좋게 몰두할 수 있는 일이 무엇일지 박사님과 함께 고민하다, 문득 요리나 베이킹이라면 자신 있게 할 수 있겠다는 생각이 들었던 것이다. 이제 수업을 듣기 시작한 지 한 달째다.

생활에 적당한 균형과 긴장감이 생기자, 나도 조금씩 활력을 찾기 시작했다. 하지만 문득문득 아무 이유 없이 화가 치밀어올라 주체할 수 없을 때가 있다. 특히 아빠와 통화할 때. 아빠는 내가 회사를 그만 뒀다는 사실을 안 뒤로 매일 전화를 한다. 첫째가 되어서 왜 그 모양 이냐, 어서 취직할 생각을 해라, 선주 잘 돌봐라…….

며칠 전에도 아빠와 통화를 마치고는 집에서 혼자 엉엉 울었다. 그러고 나면 다시 주체할 수 없는 우울함에 빠져든다. 선주의 걱정스런 얼굴이 보기 싫어, 나는 애써 괜찮은 척 웃어 보인다. 그러면 정말 괜찮아진 것 같기도 하다.

"이제 스스로의 감정을 보호하기 위해, 아버님과의 관계를 다시 정립하실 때가 된 것 같아요."

박사님이 말했다.

"하지만 아빠잖아요. 아빠한테 모질게 말하기가 힘들어요."

박사님은 아빠와 불필요한 통화를 줄여야 한다고 했다. 또 아빠가 부당한 요구를 하거나 이유 없이 화를 낼 때는 당당하게 자기 생각을 표현하라고 했다. 하지만 나는 자신이 없다. 그렇게 해도 괜찮을지, 생각하면 괜히 주눅만 들 뿐이다.

"어렸을 때는, 아플 때도 아프다고 못했어요. 야단맞으니까. 그냥 괜찮다고만 했어요."

"그럼 마음이 아플 때도 제대로 표현한 적이 없겠네요?"

박사님의 질문에 나는 고개를 끄덕였다.

"네……. 그냥 세상 살다보면 이런 일도 있는 거지 하고 넘겨요. 전 웬만한 일엔 덤덤해요."

박사님은 나를 가만히 들여다보더니 이렇게 물었다.

"감정이란 게 뭘까요?"

"네?"

난데없는 박사님의 질문에 나는 멍해졌다. 박사님과 만난 지 벌써 반년이 지났으니 이제 익숙해질 법도 한데, 여전히 나는 당황하곤 한다. 박사님은 장난기 어린 얼굴로 나를 바라보더니 말을 이었다.

"은주씨는 항상 미소를 지으며 담담하게 말을 이어가실 때가 많아요. 괜찮다고 하는 데 익숙하신 것 같아요. 부정적인 감정을 느끼지 않는 것처럼 말이죠. 그런데 부정적 감정이란 게 뭘까요? 꼭 숨겨야만 할까요? 부정적 감정에도 좋은 점이 있지 않을까요?"

늘 아빠의 비난과 동생들의 요구를 수용하다보니, 나는 뭐든 괜찮다고 여기는 데 익숙해져 있었다. 하지만 그러다보니 내 마음속에는 화가 가득 쌓였다. 나도 몰랐던 감정과 분노 들이……. 박사님은 지금 그 점을 지적하고 있는 것이다.

"감정은 다른 사람과 소통할 수 있는 신호예요. 감정이 없으면 우리는 소통할 수 없어요."

"신호라고요?"

나는 박사님의 말이 선뜻 이해되지 않았다.

"감정이 가장 드러나기 쉬운 곳이 얼굴이잖아요? 우리는 보통 상대방의 얼굴을 보면서 대화를 하니까 표정의 변화를 보고 그 사람의 마음을 짐작하게 되죠. 따라서 무표정한 사람을 만나면 왠지 거리감이 느껴지고, 다가가기 어렵다는 느낌을 받아요. 게다가 감정은 아주 중요한 기능을 해요."

"어떤 기능인데요?"

"감정은 우리의 마음 상태를 정확히 알려줍니다. 상황에 맞는 행동을 하게 유도하기도 하고요. 우리는 두려움을 느끼기에 우리 몸을 숨기고 보호할 수 있습니다. 분노와 같은 강렬한 감정은 어떤 장애물도 헤치고 나아갈 수 있는 강력한 동기가 되기도 하지요."

감정에 대한 새로운 시각에 나는 고개를 끄덕일 수밖에 없었다.

"그러니, 자신의 감정을 자꾸 밀어내지 마세요. 내 감정을 관찰하고, 그것이 나를 위해 무엇을 하는지 이해해야 해요. 감정도 자신의 일부니까요. 부당함을 느끼는 본인의 마음 상태를 잘 관찰해보세요. 어쩌면 은주씨는 아빠의 행동에 당당하게 대응하지 못하는 자기 자신에게 화를 내고 있는 것은 아닐까요?"

"예?"

"은주씨의 감정은 가만히 있지 말고 아빠 앞에서 당당해지라는 말을 하고 싶은 건지도 몰라요."

집으로 돌아가는 길이다. 한낮의 햇살이 거리에 환하게 비치고 있다.

'오랜만이네, 이런 햇살……'

하늘을 올려다보니 눈부시게 파랗다.

한낮에 혼자 거리를 걷는 게 얼마 만인지 모르겠다. 나는 우뚝 멈춰선 채로 한참 하늘을 바라보았다.

'외갓집에서 보던 그 하늘 같네.'

순간, 깨달았다. 내 마음속 깊은 곳에 있던 바람을. 나는 외할머니가 사랑했던 당당한 내 모습을 찾고 싶다. 지금까지는 착하게, 고분고분 순종하면서 다른 사람의 시선만 신경쓰면서 살았다. 착하다고, 잘했다고 칭찬받기만 바라며. 하지만 이젠 부모님께도 당당하게 내 의견을 말하고, 동생들에게도 무조건 희생하지 않고 살고 싶다. 착한 딸이 아닌 그저 '멋진 나'이고 싶다. 아빠에게도, 다른 가족에게도 장녀, 언니, 누나가 아닌 송은주로 인정받고 사랑받고 싶다. 그리고 그러기 위해서는 내가 먼저 달라져야 한다.

이제는 회피하지 않을 작정이다. 상담 시간 내내, 나는 박사님과 함께 아빠에게 하고 싶은 말을 정리하고 몇 번이고 말하는 연습을 했다. 아빠에게 전화가 오면 연습했던 그 말들을 꼭 하고 말겠다고 결심하면서 눈을 꼭 감았다 떴다. 환한 빛이 보이기 시작했다.

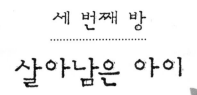

세 번째 방

살아남은 아이

'또 이런 식이군. 이럴 줄 알았어.'

그레이스는 화가 났다. 손가락으로 자신의 빨간 머리를 쥐어뜯다가 다시 이씨에게 서툰 한국말로 소리를 지르기 시작했다.

"다른 집, 다른 집으로 이사합니다."

"이봐요, 무슨 말도 안 되는 소릴……. 지금 잔금 치러야 하는데 이러면 어떡해요?"

부동산 중개업자 이씨는 땀을 뻘뻘 흘리며 벌써 20분째 그레이스를 설득하고 있다.

"달랐어요! 집, 깨끗한 집이었어요. 지금은 더럽습니다!"

"나 참, 그러니까 전에 살던 사람이 이사하느라 더러워진 거잖아요. 청소하면 깨끗해진다니까!"

이씨도 참다못해 결국 그레이스에게 화를 내기 시작했다.

"왜 이렇게 말귀를 못 알아먹어요! 내 이럴 줄 알았어. 외국인한테

집을 소개하는 게 아니었는데! 중개업 20년 만에 이사하는 날 집 더
러워졌다고 따지는 사람은 또 처음 봤네. 이사하고 청소를 하세요, 청
소를!"

"왜 내가 청소합니까? 못합니다. 나는 깨끗한 집에 이사합니다!"

그레이스는 사기를 당한 기분이었다. 계약하기 전 둘러봤을 땐 분
명 깨끗하고 예쁜 집이었는데, 이사를 하러 왔더니 바닥에 온통 발자
국이 찍혀 있고 벽지는 너덜너덜했다. 베란다 창틀에는 새똥이 가득
했다.

'속았어. 저 아저씨가 작정하고 날 속인 거야. 어떻게 해야 하지?
아, 이럴 땐 어떻게 해야 하는 거야?'

그때 그레이스의 휴대전화가 울렸다.

"여보세요?"

"네, 301호에 짐 다 내렸는데 올라와서 가구 배치 한번 보세요."

"오, 노! 안 돼, 스톱!"

그레이스는 전화를 끊자마자 서둘러 3층으로 올라갔다. 더러운 집
안에는 이미 자신의 가구가 가득 들어차 있었다. 아끼는 소품들은 더
러운 바닥 한쪽에 쓰레기처럼 버려져 있고, 미처 자리를 잡지 못한 식
탁과 소파는 거실 한가운데 덩그러니 놓여 있었다. 부동산 사무실에
서 싸우는 사이 이미 이사가 끝난 것이다.

'이 바닥, 이 벽지, 새똥……. 아, 어쩌지. 여기선 절대 못 자.'

"그래서 지금 어디서 지내고 있나요?"

"직장 근처 호텔에서요. 그 집엔 들어가기도 싫어요. 나쁜 사람들, 난 사기당했어요!"

그레이스는 어제 일을 떠올리자 다시 가슴이 들썩거리고 숨이 가빠지기 시작했다. 어제 집을 나와 호텔에서 하룻밤을 묵었지만 도무지 진정이 되질 않았다. 그래서 강의를 마치자마자 J 박사를 찾아온 것이다.

"그레이스, 진정해요. 그래도 이사한 집으로 들어가야 하지 않겠어요? 언제까지 호텔에서 지낼 순 없잖아요?"

"다른 집을 찾을 거라고요. 박사님은 지금까지 제 얘길 다 듣고도 그런 말을 하는 거예요? 세상에, 제 얘기 제대로 들으신 거 맞아요?"

J 박사는 일어나서 포트에 물을 데우더니 녹차를 우려 그레이스 앞에 놓았다.

"그레이스, 일단 차를 한잔 마셔요."

'이 와중에 차가 무슨 소용이람.'

그레이스는 이렇게 생각하면서도 앞에 놓인 향기로운 녹차를 순순히 한 모금 마셨다. 그 모습을 본 J 박사는 여유로운 표정으로 말했다.

"잘했어요, 그레이스. 쉽지 않겠지만 다른 건 다 잊고 일단은 차의 향과 맛에만 집중해보도록 해요."

J 박사는 그레이스가 한국에서 영어로 자신의 마음을 있는 그대로

털어놓을 수 있는 유일한 사람이었다. 그레이스는 늘 극도로 화가 나고 흥분한 상태에서 상담을 요청해왔다. 하지만 J 박사는 당황하는 법이 없었다.

"차 맛이 느껴져요?"

"네, 쌉쌀해요. 그래도 향은 좋아요."

"음악을 들을까 하는데 어떤 음악이 좋겠어요? 지금 듣고 싶은 음악 있어요?"

그레이스는 말없이 휴대전화를 꺼내 요즘 즐겨 듣는 음악을 틀었다. 음악 소리가 마치 먼 곳에서 울려 퍼지는 것처럼 느껴졌다.

"잘했어요. 그럼 차를 마시면서 음악을 좀 들읍시다."

J 박사 역시 자기 몫으로 차를 한 잔 따르더니 맛을 음미하면서 마시기 시작했다. 그레이스는 처음에는 멀게 느껴졌던 음악 소리가 점점 가깝게 들려오는 듯한 느낌이 들었다. 마치 귀와 머릿속이 깨어나는 듯했다. 찻잔을 든 손에서는 따뜻한 차의 온기가 느껴졌다. 그리고 시간이 조금 더 흐르자 자신도 모르는 사이 숨결이 차분해졌다.

"자, 그럼 다시 얘기를 들어볼까요? 아까 왜 그렇게 화가 났어요?"

"아무도 제 말을 안 들어서요. 집이 더러워졌다고 얘기를 했는데 집주인도, 부동산 중개인도 대수롭지 않은 일로 넘겨버렸어요. 그러면서 나한테 청소를 하라고 하더군요. 내가 왜 청소를 해야 하죠? 난 청소하려고 그 집으로 이사한 게 아니에요!"

그레이스는 다시 흥분해서 목소리를 높이기 시작했다.

"그레이스, 함께 차근차근 상황을 정리해보죠. 먼저, 이삿짐을 싣고 이사할 집으로 갔어요. 그런데 집이 좀 더러웠어요. 맞죠?"

"네, 정말 더러웠어요."

"그래서 어떻게 했죠?"

"부동산 중개인에게 따졌어요. 그랬더니 집주인이 기다린다며 사무실로 내려가자더군요. 내려가서 다시 따졌어요."

"그랬더니요?"

"나한테 청소를 하라고 했어요. 그리고 모두 나에게 화를 냈어요. 내가 잘못한 건 하나도 없는데 왜 다들 나한테 화를 내죠? 늘 이런 식이에요. 사람들은 항상 나한테 화를 내고 나를 힘들게 하고…… 부당하게 대한다고요!"

"그때 그레이스는 어떤 기분이었어요?"

"당연히 화가 났죠. 부당한 대우를 받았는데 가만히 참고만 있을 순 없잖아요? 화를 내면서 다른 집을 찾아달라고 했어요. 그랬더니 중개인이 정말 황당하다고 하더군요."

J 박사가 침착하게 질문을 계속 던지자 그레이스는 자신도 모르게 차분해지며 어제의 일을 하나하나 떠올리기 시작했다.

"그 다음에는 무슨 일이 있었죠?"

"그렇게 싸우는 사이에 이삿짐센터에서 제 짐과 가구를 집 안으로 몽땅 옮겨버렸어요. 그리고 돈을 받고 가버렸어요. 혼자 그 집에 남아 있는데…… 도저히 견딜 수가 없었어요. 그래서 집에서 나와 호텔로 갔어요."

"호텔에서 하룻밤을 잤군요?"

"네, 그런데 진정이 안 돼서 거의 못 잔 것 같아요."

"오늘은 어땠어요? 클리닉에 오기 전에 무슨 일이 있었죠?"

"오전에 M대학에서 강의가 있었어요. 교양 영어 수업이었는데, 학생들이 좀 소란스러웠어요. 조용히 하라고 했는데 아무도 제 말을 안 들었어요."

"그땐 기분이 어땠어요?"

"화가 났어요. 나를 무시하는 것 같았거든요. 막 소리를 질렀더니 순식간에 강의실 분위기가 싸늘해졌어요. 결국 오전 강의를 다 망쳤죠. 이게 다 그 지저분한 집 때문이에요."

"클리닉에 도착했을 땐 어떤 상태였어요?"

"잠을 잘 못 자서 피곤한 데다 강의를 망쳐서 기분도 나빴어요. 집 때문에 여전히 화가 났고요."

"지금은 어떤가요? 같이 차도 마시고 음악도 듣고 나니까 기분이 좀 달라졌어요?"

"조금 괜찮아진 것 같아요."

이렇게 대답하고 나서 그레이스는 한숨을 푹 쉬었다. 감정은 많이 차분해졌지만 여전히 우울하고 불안했다. 세상에 자기편은 아무도 없는 것 같았다. 지금 믿을 수 있는 사람은 J 박사뿐이다.

"좋아요, 그레이스. 차분해진 것 같으니 아까 나와 처음 대화했던 순간을 떠올려보도록 해요. 그때 그레이스는 나에게 어떻게 했죠?"

"박사님에게 조금…… 화를 냈던 것 같아요."

"네, 그랬어요. 그리고 나에게 어떤 말을 했어요? 기억나요?"

"내 말 제대로 들었냐고…… 박사님을 비난했어요."

"그래요, 그랬어요."

J 박사는 빙그레 웃으며 말을 이었다.

"부동산 중개인이나 학생들에게도 나에게 말한 것과 비슷한 식으로 말했어요?"

"네, 아니, 조금 더 심하게 말했어요. 그들이 나를 나쁘게 대했으니까요."

"그레이스, 생각해봐요. 그렇게 심하게 말하면 상대방이 어떻게 느끼겠어요?"

"기분 나쁘겠죠."

"바로 그거예요. 기분이 나쁘면 호의를 베풀고 싶은 마음도 사라져요. 상대방이 자신의 말을 잘 들어주길 원하면 감정을 다스리면서 이야기해야 해요."

그레이스는 J 박사가 자신에게 정말 필요한 조언을 하고 있다는 사실을 알았다. 하지만 왠지 억울하게 느껴졌다.

"박사님 말이 맞아요. 하지만 나를 부당하게 대한 사람들에게 내가 왜 친절하게 굴어야 하죠? 그러기 싫어요."

J 박사는 잠깐 웃더니 다시 그레이스를 향해 부드러운 목소리로 말했다.

"그레이스, 더러운 집 때문에 어제 오늘 힘든 일을 겪었죠? 하지만 잘 돌이켜봐요. 부동산 중개인에게 화를 냈지만 문제는 해결되지 않았어요. 그런데 그레이스는 그런 다음 어떻게 했죠? 자신이 가르치는 학생들에게 화를 냈어요. 문제는 해결되지 않고 상황은 악화되기만 했어요."

"그건 그렇지만······."

"이게 끝이 아니에요. 그러고는 나에게도 화를 냈어요. 나는 그레이스가 이사한 더러운 집과는 아무 상관도 없는 사람이에요. 게다가 그레이스를 부당하게 대한 적도 없어요."

"맞아요. 박사님은 늘 친절하게 대해주셨죠."

그레이스는 갑자기 눈물이 날 것 같았다.

'나는 왜 이럴까? 그렇지만 억울해. 억울하단 말이야.'

"그레이스, 한국과 미국은 다른 점이 많아요. 그건 잘 알죠? 벌써 한국에 온 지 2년이 넘었잖아요?"

"네, 알아요. 하지만 그게 이 일과 무슨 상관이에요?"

"미국에선 이사 가는 사람이 집을 깨끗하게 정리해요. 다음에 올 사람을 위해서죠. 하지만 한국은 그렇지 않아요. 이사 올 사람이 집을 깨끗하게 청소한 다음 짐을 들이죠. 그레이스는 그걸 몰랐던 것뿐이에요."

"말도 안 돼! 그럼 정말 내가 그 집을 치워야 한단 거예요?"

"그래요, 그게 한국 문화예요."

"난 못 해요. 벽지랑 바닥도 그렇지만…… 베란다에 새똥이 다닥 다닥 붙어 있다고요! 난 못 해요, 정말 모욕적이에요!"

그레이스의 반응에 J 박사는 조금 놀랐다. 자신의 집을 청소하는 일을 모욕적이라고 느끼다니, 그레이스의 마음속에는 청소를 거부하는 다른 이유가 있는 게 분명했다.

"그레이스, 청소가 왜 모욕적이죠?"

그레이스는 상기된 얼굴로 잠시 머뭇거렸다. 그러다 드디어 결심을 한 듯 입을 뗐다.

"청소는 싫어요. 왜냐하면…… 왜냐하면…… 미국에서 청소 일을 했었어요. 십 대 때, 돈이 없어서요. 학비를 벌려고…… 그때 일은 떠올리고 싶지도 않아요. 왜 한국에 와서까지 과거의 일을 떠올려야 하는지……."

그레이스는 결국 울먹거리며 말을 잇지 못했다. J 박사의 얼굴에 근심이 잠시 스치는 듯했다. 하지만 곧 여유 있는 미소를 되찾고 그레이스를 바라보며 물었다.

"그레이스, 청소가 싫으면 직접 하지 않아도 돼요. 한국에는 청소 대행업체가 있어요. 이사할 집을 대신 청소해주는 곳이죠."

"정말이에요? 그 업체에서 새똥도 치워줄까요?"

"그럼요."

J 박사가 웃으며 고개를 끄덕였다. 그레이스는 눈물을 닦더니 금세 어린아이처럼 해맑은 얼굴로 J 박사를 마주보며 말했다.

"아, 다행이에요. 새똥이 제일 걱정이었는데!"

끔찍한 소리에 그레이스는 눈을 떴다.

'이게 무슨 소리지? 지금 대체 몇 시야?'

침대 머리맡에 놓인 알람시계를 확인하니 시침이 새벽 네 시를 가리키고 있었다.

'세상에!'

그레이스는 화가 머리끝까지 치솟았다.

으르렁, 컹, 컹, 으르렁, 컹.

분명 개가 짖는 소리였다. 개가 벽을 긁는 소리도 드문드문 섞여서 들려왔다.

'어디서 짖기에 이렇게 크게 들리지?'

그레이스는 침대에서 일어나 거실로 나왔다. 소리는 현관문 쪽에서 나고 있었다.

'복도에서 짖고 있는 건 아니겠지?'

그레이스는 겁이 났지만 용기를 내 현관문을 열었다. 캄캄한 복도에는 아무도 없었다. 그런데 그레이스가 문을 닫으려는 순간 다시 개 짖는 소리가 들려왔다. 맞은편 302호에서 나는 소리였다. 개가 얼마나 우렁차게 짖는지 복도가 다 울릴 정도였다.

'처음엔 새똥이더니 지금은 개……. 동물들까지 날 괴롭히는구나.'

두려움이 물러가자 다시 분노가 그레이스의 마음을 점령하기 시작했다.

'어떻게 해야 하지? 개한테 조용히 하라고 해봐야 알아듣지도 못할 텐데……. 개 주인은 어디 있는 거야? 설마 저렇게 개가 짖는데도 쿨쿨 자고 있는 건 아니겠지?'

그레이스는 불안하고 초조했다. 어떤 문제가 생길 때마다 어떻게 해야 할지 갈피를 잡을 수가 없었기 때문이다.

'왜 나한테는 나쁜 일만, 나쁜 일만 생기는 거야!'

"벌써 1주일째라고요, 박사님."

"그럼 1주일 동안 잠을 잘 못 잤겠군요?"

"당연하죠. 게다가 전 예민해서 한번 깨면 다시 못 잔다고요."

그레이스의 눈 밑엔 수면 부족 때문에 생긴 검은 그림자가 선명했다. 그렇지 않아도 쉽게 흥분하고 화를 내는 그레이스는 한층 더 예민해져 있었다. J 박사는 늘 그랬듯 그레이스에게 차를 권했다. 그레이스는 차를 한 모금 마시더니 다시 속사포처럼 이야기를 쏟아내기 시작했다.

"그 개를 어떡하죠? 왜 새벽 네 시만 되면 짖는 걸까요? 개 주인은 어디 있는 거죠? 왜 세상 사람들은 다 나를 괴롭힐까요?"

J 박사는 그레이스를 진정시키려 찻잔에 다시 따뜻한 차를 따랐다. 그러고는 그레이스가 조금 진정될 때까지 기다렸다.

"그레이스, 가장 괴로운 게 뭐예요? 개가 짖는 소리예요, 아니면 개가 짖는 시간이에요? 그것도 아니면 개를 방치하는 개 주인이에요?"

"모두 다요. 왜 다들 나를 힘들게만 하죠? 난 항상 부당한 대우만 받아왔어요. 가는 데마다 늘 따돌림당했고요. 직장에 가면 내 자리는 항상 제일 좋지 않은 구석이거나 내가 쓰는 컴퓨터만 제일 오래된 것이거나 그런 식이었죠. 세상에 내 편은 아무도 없어요. 이젠 개까지 나를 괴롭히고 있잖아요."

그레이스는 갑자기 참을 수 없이 화가 치밀어올라 J 박사를 향해 소리를 질렀다.

"빨리 개가 짖지 않게 하는 방법이나 알려달라고요. 그러라고 이렇게 박사님과 상담을 하고 있는 거잖아요!"

J 박사는 다정하지만 엄격한 얼굴로 그레이스의 눈을 바라보았다.

"지난번에 우리가 나눈 얘기를 다시 떠올려야겠군요. 상대방에게 자신의 말을 잘 전달하려면 어떻게 해야 한다고 했죠?"

"……감정을 다스려야 해요. 하지만 나는 감정이 앞서서 상대방을 기분 나쁘게 만들죠. 지금도 박사님께 그런 실수를 한 것 같네요."

그레이스는 아차 싶은 마음에 얼른 심호흡을 하며 감정을 가라앉혔다.

"잘했어요. 그레이스, 정말 잘했어요."

그레이스의 마음이 어느 정도 진정된 것을 확인한 후 J 박사는 말을 이었다.

"이렇게 해보죠. 일단 개 문제부터 해결합시다. 옆집 사람은 개가 새벽마다 짖는다는 걸 모를 가능성이 커요. 자고 있는데 옆에서 개가 그렇게 짖어댄다면 괴로워서라도 짖지 못하게 하지 않겠어요? 어쩌면 밤에 일하는 직업을 가진 사람일 수 있겠네요."

그레이스는 J 박사의 말에 고개를 끄덕였다.

"그럼 개가 짖을 때 그 집을 찾아가도 소용이 없겠네요?"

"집에 아무도 없다면 그렇겠죠. 하지만 쪽지 같은 걸 써서 문에 붙여놓는 방법도 있어요. 우선 그 방법을 써볼까요?"

"하지만 어떻게 써야 할지 모르겠어요. 한글도 잘 못 쓰고……. 괜히 비웃음만 당할 것 같아요. 그럼 옆집 사람과 마주칠 때마다 어색해지겠죠? 옆집 사람은 속으로 나를 비웃을 거고, 그럼 난 또 이사를 가야 할 거예요."

그레이스의 마음이 다시 요동치기 시작했다.

"자, 그레이스. 일어나지도 않은 일을 미리 걱정하지 맙시다. 그리고 상대방의 마음을 미리 판단하지도 말고요. 옆집 사람이 기분 나쁘지 않게, 그레이스가 비웃음 사지 않게 쪽지를 잘 쓰면 돼요. 내가 도와줄게요."

J 박사는 종이를 꺼내 그레이스 앞에 놓고 일단 영어로 써보라고 했다.

"무슨 말을 써야 하죠?"

"우선 쓰고 싶은 대로 한번 써보세요."

"그럼 이렇게 쓸래요. 당신 개 때문에 나는 밤에 잠을 잘 수 없다. 새벽에 개를 짖게 내버려두다니 몰상식한 행동이다. 이해할 수 없음. 어때요?"

그레이스는 J 박사에게 말하며 열심히 펜을 놀려 쪽지를 쓰기 시작했다.

"그레이스, 정말 그렇게 쓸 거예요? 그 쪽지를 받으면 옆집 사람 기분이 어떻겠어요?"

"나쁘겠죠. 하지만 내가 그런 것까지 신경써야 해요?"

"기분이 나쁘면 호의를 베풀고 싶은 마음도 사라진다고 했죠? 이번 일도 마찬가지예요. 상대방을 비난해봐야 그레이스는 얻는 게 없어요. 그보다는 그레이스의 마음 상태를 상대방에게 잘 전달하는 게 훨씬 효과적이에요. 새벽에 개가 짖어서 밤에 잠을 잘 수 없다, 이 부분은 좋아요. 그래서 그레이스는 어떻죠? 너무 괴롭고 일상생활을 하는 데 지장을 받고 있죠? 그걸 써보세요. 새벽 네 시에 개가 짖는데 혹시 알고 있는지 물어보는 것도 좋겠죠. 앞에서 얘기한 것처럼 옆집 사람이 모르고 있을 확률이 더 높으니까요."

그레이스는 머리가 아픈 듯 얼굴을 찡그리더니 말했다.

"몰라요, 모르겠어요. 그냥 박사님이 저 대신 이웃집에 전화해주시면 안 될까요?"

J 박사는 빙긋 웃더니 말을 이었다.

"지금 우리는 DBT 훈련을 통해서 대인관계를 효율적으로 잘할 수 있는 스킬들을 익히고 있어요. 이 쪽지 쓰기도 그 훈련의 일부예요."

"대인관계를 효율적으로 한다고요?"

"그래요. 우리는 쪽지를 쓰면서 'DEAR MAN' 스킬을 적용해볼 거예요. 이제 나와 함께 DEAR MAN이 무엇인지 차근차근 배워보도록 하죠."

J 박사는 책을 펼치더니 한 페이지를 손가락으로 가리켰다. 그레이스는 J 박사의 손가락을 따라 페이지에 적힌 내용을 읽어내려갔다.

D : Describe(기술하기)

E : Express(표현하기)

A : Assert(주장하기)

R : Reinforce(보상하기)

M: Mindful(마음 중심을 잃지 않기)

A : Appear confident(대담한 태도 가지기)

N : Negotiate(협상 가능성을 열어두기)

"먼저 D, '기술하기'예요. 내가 처한 상황에 대해 사실만을 중심으로 기술하는 단계입니다. 자, 이제 그레이스의 상황을 판단이나 감정을 섞지 말고 이야기해보세요."

"새벽 네 시만 되면 개가 짖는 소리가 들려요."

"좋아요. 첫 문장은 그것으로 하죠. 내가 옆집에 살고 있는데 새벽 네 시만 되면 개가 짖는다."

그레이스는 열심히 받아 적고는 이어서 물었다.

"그런 다음에는요?"

"E, '표현하기' 단계예요. 나의 감정과 의견을 표현하는 거예요. 여기서 주의할 점은, 왜 그렇게 느끼는지를 상대방에게 설명해줘야 한다는 거예요. 그래야 상대방이 그레이스의 감정을 이해할 수 있을 테니까요."

"음······. 괴롭고 화가 나요······. 왜냐하면······ 잠을 못 자니까요."

"잘했어요!"

그레이스가 손가락으로 다음 문장을 가리키며 물었다.

"다음은 A, '주장하기'예요. 뭘 주장해요?"

"그레이스가 원하는 것이죠. '그래서 나는 무엇 무엇을 원한다'라고 분명히 밝히는 거예요. 그레이스가 말하지 않으면 상대방은 그레이스가 뭘 원하는지 알 수 없어요."

"흠, 그렇겠네요. 그럼 전 이렇게 주장할래요. 개를 기르지 마세요."

J 박사는 잠시 그레이스를 바라보더니 이렇게 말했다.

"그게 그레이스가 진짜 바라는 건가요?"

"네."

그레이스는 당연하다는 듯 말했다.

"만약 개가 새벽에 짖지 않는다면, 이웃집에서 개를 기르든 말든 상관없지 않겠어요?"

그레이스는 조금 고민하다가 대답했다.

"네, 그렇지만 옆집 개는 짖는다니까요. 새벽 네 시마다!"

"그럼, 개가 문제가 아니라, 개가 '짖는' 게 문제인 거네요."

"아!"

그레이스는 놀라서 짧게 소리를 질렀다.

"네, 맞아요. 이 문장은 이렇게 고칠래요. 음, '개가 새벽에 짖지 않게 해주세요'라고요. 어때요?"

"하하, 잘했어요."

J 박사는 흐뭇한 표정으로 그레이스를 바라보았다. 그레이스가 DBT 스킬에 조금씩 적응해가는 모습을 보니 뿌듯했다.

"다음은 R, '보상하기'예요. 그레이스, 본인이 원하는 걸 요구했으니 상대방에게도 그에 대한 보상을 해주는 게 좋아요. 그러면 상대방 기분도 좋아질 테니까요. 지금과 같은 상황에서는 그레이스가 이웃에게 어떤 보상을 해줄 수 있을까요?"

"흠, 글쎄요……. 제가 무슨 보상을 하겠어요? 얼굴도 못 본 사람한테. 그냥 조용히 말썽 부리지 않고 사는 게 이웃집에 가장 좋은 일이겠죠?"

"이미 답을 알고 있네요. 그래요. 조용하고 좋은 이웃이 되는 것, 그걸 보상으로 적으면 될 것 같은데요?"

그레이스는 쪽지에 마지막 문장을 적어넣었다.

Dear Neighbor,
Hello, how are you? This is your neighbor from apartment number 301. I have noticed that your dog starts barking loudly every dawn around 4am. I am leaving this message

since I wake up to the sound of your dog frequently and, thus, am tired throughout the day. I hope you can be aware of the situation and try to prevent your dog's noise from disrupting other neighbors.

Thank you and I hope we can be good neighbors and get along well.

From your neighbor from Apt #301

"기분이 어때요?"

완성된 쪽지를 앞에 놓고 J 박사가 그레이스에게 물었다.

"꽤 예의 바르고 친절한 사람이 된 것 같아요. 기분이 묘하네요. 왜 나하면 전 한 번도 저런 말투로 누군가에게 부탁하거나 요청한 적이 없거든요."

J 박사는 영문을 한국어로 바꾸어 노란색 노트에 적은 다음 그레이스에게 내밀었다.

안녕하세요? 301호에 사는 주민입니다. 새벽 네 시만 되면 그 댁에서 애완견 짖는 소리가 크게 들립니다. 새벽에 그 소리를 듣고 잠이 깨면 하루 종일 너무 피곤해서 이렇게 쪽지를 남깁니다. 새벽 시간에는 강아지가 짖지 않도록 주의해주시면 좋겠습니다. 앞으로 좋은 이웃이 되어 잘 지냈으면

합니다. -3이호 주민 드림.

"자, 이제 이 글을 이웃집 현관문에 붙여두세요."

그레이스는 노트를 받아들고는 가만히 들여다보았다. 아직은 서툴게 읽히는 한글이지만, 그 속에 자신의 마음이 솔직하게 담겼다고 생각하니 왠지 모를 안도감에 자신도 모르게 환하게 웃고 말았다. J 박사는 환한 그레이스의 얼굴을 보며 말을 이었다.

"DBT 훈련을 계속하다보면 일상생활에서 대화할 때도 스킬을 쉽게 적용할 수 있을 거예요. DEAR MAN의 뒷부분, 'MAN'은 이 스킬을 적용할 때의 마음가짐을 설명하는 부분이에요. 다시 한번 읽어보세요. 마음 중심을 유지하면서, 대담하게, 협상 가능성을 열어둔 채로 상대방에게 내가 원하는 것을 차근차근 설명하는 거죠."

"마음 중심이 뭐예요?"

그레이스가 고개를 갸웃거리며 물었다.

"목표를 잊어버리지 않도록 집중하는 걸 뜻해요. 특히 대화를 할 때는 상대방이 그레이스의 말을 막거나, 주제를 다른 쪽으로 돌리거나, 그레이스를 공격하기도 할 거예요. 그럴 때 상대방에게 휘둘려 일일이 대응하지 말고 본인의 목표를 기억하면서 자기 의견을 계속 고수해야 해요. 또 부드럽고 자신감 있는 목소리로 차분하게 말하는 것도 중요해요."

"하지만 부드럽게 말하면 아무도 제 말에 귀 기울이지 않을 것만 같아요. 그래서 자꾸만 소리 지르고 싸우게 돼요."

그레이스는 늘 소리 지르는 자신의 모습을 떠올리며 말했다.

"부드럽고 연약해 보일지라도 흐트러지지 말고 계속 자기 의견을 말해야 해요. 끈기를 가지고요. 진정한 강인함은 힘이 아닌 끈기와 용기 속에서 탄생하는 거니까요."

'끈기와 용기……'

그레이스는 J 박사가 던진 이 두 단어를 머릿속으로 되뇌었다. 지금껏 한 번도 중요하다고 생각하지 않았던 이 말들이 새삼 다른 의미로 다가왔던 것이다.

그레이스는 가슴이 두근거리고 얼굴이 화끈 달아올랐다.

'줄까, 말까?'

손에는 직접 쓴 카드가 잔뜩 들려 있었다. 어제 밤새도록 준비한 파티 초대 카드다. 내일 저녁, 이사 기념 파티를 열 테니 참석해달라는 내용이 적혀 있다.

'아무도 안 온다고 하면 어쩌지……'

작년에 세라가 집에서 파티를 열었을 때, 자신만 빼고 다른 동료들 모두 초대받았던 기억이 떠올랐다. 모두 신나게 놀았다며 좋아했기 때문에 그레이스는 언젠간 자신도 꼭 파티를 열고야 말겠다고 결심했던 것이다. 물론 세라는 빼고 다른 사람들만 초대할 작정이었다.

박사님은 좋은 생각이라며 그레이스를 격려해주었다.

"정성스럽게 파티를 준비하면 분명 사람들도 그레이스가 좀 달라졌다고 생각할 거예요. 동료들과 친해질 기회예요!"

하지만 막상 초대장을 주려고 하니 그레이스는 왠지 부끄러워 엄두가 나지 않았다.

그때 그레이스 머릿속에 좋은 생각이 떠올랐다.

'커피 머신 옆에 초대장을 꽂아두자! 모두 하루에도 몇 번씩 커피 머신을 이용하니까 못 볼 리가 없겠지?'

그레이스는 초대장에 이름을 하나하나 쓴 다음 커피 머신 옆 종이 컵 위에 올려놓았다. 눈에 잘 띄었다.

'이걸 보면 다들 나한테 초대해줘서 고맙다고 인사할 거야. 그럼 난 꼭 오라고 웃는 얼굴로 얘기해야지. 박사님 말을 기억하자. 감정을 앞세워 다른 사람을 기분 나쁘게 하지 않는 거야. 잘할 수 있어!'

"왜 나한테 그런 걸 시켰어요? 아무도 안 왔잖아요! 억울하고 비참해요."

J 박사 맞은편에 앉은 그레이스는 잔뜩 흥분해서 빨간 머리를 흔들며 소리를 지르고 있었다.

"나쁜 사람들, 나쁜 사람들!"

J 박사는 그레이스가 흥분을 가라앉힐 때까지 시간을 두고 기다렸다가 말했다.

"그레이스, 그건 그 사람들 잘못이 아니에요. 청소하시는 분이 다 쓴 종이컵을 치우면서 초대장도 그만 함께 버렸다고 했다면서요."

"그러니까요. 다들 왜 나한테 이렇게 못되게 구냐고요. 내가 뭘 잘못했기에!"

그날 초대장을 커피 머신 옆에 두고나서, 그레이스는 동료들이 말을 걸어오기를 기다렸다. 하지만 초대해줘서 고맙다며 다가오는 사람은 아무도 없었다. 그리고 다음 날, 그레이스는 우연히 커피 머신 옆 쓰레기통에서 버려진 초대장들을 발견했던 것이다. 그제야 상황을 알게 된 그레이스는 부랴부랴 동료 한두 명에게 파티 이야기를 꺼냈지만, 다들 약속이 있다며 차갑게 거절해버렸다.

"그래도 혹시나 해서 기다렸는데……. 파티 음식도 얼마나 정성 들여 준비했는데……. 정말 준비 많이 했다고요. 처음부터 끝까지 제대로 대접을 하려고 1주일 전부터 계획을 짰단 말이에요. 어떤 이야기를 할까, 음악은 재즈가 좋을까 클래식이 좋을까, 이런 것까지 고민하면서……. 그랬는데 결과가 이게 뭐예요? 다들 나만 따돌리고, 세라

네 파티에는 신이 나서 갔으면서…….”

“그레이스는 사실 따돌림당한다는 생각이 들어서 괴로운 거군요?”

“잘 모르겠어요. 아무튼 힘든 일이 생기면 늘 나만 당한다는 생각이 들어요.”

“자, 우리는 지금 새로운 사실을 발견했어요. 그레이스가 사람들이 자신만 부당하게 대하는 듯한 느낌을 받는다는 사실 말이에요. 언제부터 그런 느낌을 받았어요?”

“한국에 와서부터요.”

“그 전에는 그런 느낌을 전혀 받지 못했나요?”

“사실 그 전부터도 그랬던 것 같아요.”

“어렸을 땐 어땠나요? 어린 시절을 떠올리면 어때요?”

“사실, 행복한 어린 시절은 아니었어요. 힘든 시기를 겪었죠. 하지만 지금은 나 혼자 잘 살고 있어요. 내 어린 시절이랑 사람들이 나를 부당하게 대하는 거랑 무슨 상관이에요?”

“자, 다시 한번 곰곰이 생각해봐요. 그레이스, 언제부터 사람들이 그레이스를 부당하게 대한다고 느꼈어요?”

“오래전부터. 언제나, 언제나 그랬어요. 아주 어렸을 때부터.”

“바로 그거예요. 그레이스가 지금 느끼는 감정은 어린 시절의 고통과 연결되어 있어요.”

그레이스는 깜짝 놀랐다. 그저 사람들이 자신을 따돌려서 괴로운 것이라고 생각했는데, 불행했던 어린 시절과 이 모든 것이 연결되어 있다니 혼란스러울 뿐이었다. 떠올리기조차 싫은 어린 시절, 그 시절에서 도망치려고 지금까지 앞만 보고 달려왔는데 아직도 벗어나지 못한 채 맴돌고 있었다니.

"어린 시절에 대해 더 자세히 얘기해줄 수 있어요?"

"아, 꼭 해야 한다면 어쩔 수 없죠."

그레이스는 머리를 가로저으며 이야기를 시작했다.

"파란 바다와 맑은 하늘이 보이는 항구도시에서, 남들처럼 엄마 아빠, 동생과 함께 아름다운 집에서 살았던 때도 있었어요. 제가 아주 어렸을 때였던 것 같아요. 하지만 언젠가부터 엄마 아빠 사이가 나빠지기 시작했어요. 제가 또렷하게 기억하는 우리 집은 캠핑 트레일러 같은 곳이에요. 아빠가 우리를 버리고 떠난 뒤, 엄마랑 같이 떠돌다가 플로리다의 어느 공원에 있는 그 트레일러에 머물게 되었거든요. 엄마와 엄마의 남자 친구랑 같이. 그런 곳에서 어떻게 살았는지……. 두 사람은 마약중독이었어요. 엄마는 나중에 정신병원에 입원했어요. 결국 자살했지만……. 아저씨는 지금도 어디 있는지 몰라요. 아마도…… 이 세상 사람이 아닐 거예요."

"그럼 누가 그레이스를 돌봐줬죠?"

"음…… 동생과 단둘이 트레일러에 남겨졌는데 누군가 와서 우릴 구해줬어요. 아마도 사회복지사 같은 사람이었을 거예요. 여덟 살 정도였어요, 그때가. 어떤 보육 시설에 맡겨졌는데, 그곳으로 한 할머니가 찾아와서 우릴 데려갔어요. 외할머니라고 하더군요. 외할머니는…… 저를 다정하고 친절하게 대해준 유일한 사람이었어요."

그레이스의 눈에 눈물이 맺혔다.

"하지만 제가 열다섯 살 때 돌아가셨어요. 그 뒤로는 쭉 동생과 단둘이 지냈어요. 음식도 빨래도, 다 내가 도맡아 했어요. 동생을 돌봐야 한다고 생각했거든요."

"그렇게 혼자서 고등학교를 마치고 좋은 대학까지 졸업했던 거예요? 정말 대단하네요."

"그런가요……? 하지만 지금 제 모습을 보세요. 제 곁에는 아무도 없어요. 친구도, 가족도, 남자친구도 없어요. 제 감정은 이렇게 통제 불능이고요."

그레이스는 울먹거리며 떨리는 음성으로 겨우겨우 이야기를 계속해나갔다.

"학교에서 그런대로 공부를 잘했어요. 사실 더 잘할 수 있었을 텐데, 주변에 저를 이끌어주는 사람이 아무도 없었어요. 외할머니는 그저 내가 원하는 대로 하도록 내버려두셨죠."

"그레이스의 의견을 존중해주신 거네요."

"하지만 저는 무엇이 최선인지, 무슨 일을 어떻게 하는 게 좋은지 조언해주고 이끌어줄 사람이 필요했어요. 모든 걸 혼자서 결정하려니 힘들었어요. 동생을 돌보는 일도, 고등학교와 대학교에 진학하는 문제도 모두 혼자 해냈어요. 늘 무거운 돌덩이를 짊어진 것처럼 어깨가 무거웠어요. 결과도 좋지 않았고요."

"어렸을 때부터 줄곧 누구의 도움도 받지 못하고 혼자서 모든 것을 알아서 해야 했군요……. 동생을 돌보는 일, 가사, 자신의 진로를 결정하는 일까지……. 이 모든 일들을 스스로 결정하며 살아왔다니……. 지금까지 그레이스가 왜 그토록 억울한 감정에 시달리고 힘들어했는지 절실하게 이해가 돼요."

"예?"

그레이스는 의아하다는 표정으로 물었다.

"그레이스는 왜 일상생활에서 일어나는 간단한 문제를 해결하지 못할까? 그 이유를 나는 지금 찾았어요. 실제 나이는 삼십 대지만 제 눈에는 그레이스가 여전히 플로리다의 외딴 공원에 동생과 단둘이 남겨져 엄마를 기다리는 여덟 살 여자아이로 보여요. 엄마가 빨리 왔으면 좋겠다, 나와 동생을 따뜻하게 돌봐주고 사랑해줬으면 좋겠다……. 하지만 아무리 기다려도 엄마는 나타나지 않았어요……. 그때 여덟 살 꼬마 아이의 심정이 어땠을까, 생각만 해도 막막해져요."

J 박사는 너무나 슬픈 표정으로 그레이스를 바라보았다. 그레이스의 긴 속눈썹 사이로 눈물이 흘러내리고 있었다.

"왜 나에게 이런 일이 일어나는 것일까? 일차적으로 이런 무력감이 들었을 것 같아요. 그 뒤 이차적으로, 억울함과 분노, 서글픔이 뒤섞인 감정이 일어났을 테고요. 결국 통제 불능의 마음 상태로 번져버렸을 거예요. DBT에서 사용하는 표현으로는 이런 상태를 '감정적 마음 상태'라고 하죠. 어린 나이에 이렇게 힘든 일을 겪었으니, 그 기억 자체가 사실은 그레이스에게 심각한 트라우마를 남긴 것 같습니다. 게다가 아동기와 청소년기에 배워야 할 많은 것을 누군가의 가르침 없이 스스로 터득해가다보니 실패하는 일도 많았을 거예요. 지금까지도 그렇게 살아왔고요. 트라우마의 연속이었던 거죠. 친구나 동료를 사귀는 일도 자연스럽지 못하고 힘들었을 거예요. 트라우마가 정서적으로 건강한 삶을 살아가는 것을 방해하니까요. 항상 내 편이 없다는 느낌이 들지 않나요?"

"맞아요. 그랬어요. 평생 제 편이 없었어요. 대학에서 영문학을 전공하려고 했을 때, 직장을 구할 때, 이직을 할 때, 부당한 일을 당할 때도, 곁에서 도와주는 사람이 아무도 없었어요."

"그렇군요. 그러다보니 한국에 와서 일을 할 때도 항상 억울하고 손해 보는 느낌, 버림받는 느낌이 들었던 거예요. 그 억울함과 분노, 부정적인 생각 때문에 합리적으로 문제를 해결하는 방법을 찾을 수가 없었던 겁니다. 하지만 그런 감정들은 결코 쉽게 사라지지 않아요. 이런 통제 불능의 마음, 대인관계의 문제, 자기 파괴적인 행동은 모두 '경계선 성격장애'의 특성입니다. 벌써 너무나도 오랜 기간 트라우마와 부정적 감정들, 치료적 표현을 쓰자면 '비수인적 환경'에 노출되었기 때문이죠."

"제가 달라질 수 있을까요? 희망을 가지고 싶어요."

J 박사는 간절한 바람이 느껴지는 그레이스의 눈을 바라보며 진지하게 말했다.

"그레이스는 생존자입니다. 부모가 부모로서의 역할을 하지 못해 그레이스를 방치해버렸는데도, 그레이스는 끝까지 살아남으려 고군분투했어요. 그 생명력이 지금의 그레이스를 만든 것이죠. 꽃처럼 화려하진 않지만 잡초처럼 강한 의지가 그레이스 안에 있어요. 정말 소중하고 감탄스런 능력이지요. 그건 어느 누구도, 무엇도 빼앗아가지 못해요. 억눌리고 밟히고 슬프고 아픈 현실을 이겨낸 강인한 사람, 그것이 바로 그레이스의 진정한 모습이에요. 느껴져요?"

'생존자라고? 내가?'

J 박사의 말에 그레이스는 놀랐다. 지금껏 자신에 대해 이런 말을 해준 사람은 아무도 없었기 때문이다.

"그레이스, 자신을 자랑스럽게 여겨봐요."

그레이스는 왠지 뭉클해서 J 박사를 바라보았다.

"생존자 그레이스를 있는 그대로 먼저 받아들이세요. 자신에게 벌어진 일들까지도요. 파티에 사람들이 오지 않은 것, 직장에서 따돌림을 당하는 것, 친구들이 나를 시기하는 것, 엄마가 나를 버린 것, 과거와 지금의 모습 그리고 미래까지 모두요. DBT에서는 이것을 '수인한 다'라고 하지요."

"나의 현재와 과거 그리고 미래까지 있는 그대로 수인한다……."

그레이스는 조용히 눈을 감고, 있는 그대로의 자신을 마음속으로 바라보기 시작했다. 걷잡을 수 없이 눈물이 흘러내리고 있었다.

"불쌍해요. 제가 너무나 불쌍해요."

"인간 본연의 모습이에요. 불완전하고, 억눌리고, 때로는 어두워요. 하지만 이것을 있는 그대로 관찰하고 나면 나머지 문제들, 그러니까 그레이스의 감정적 반응이나 대인관계 등은 모두 사소하게 느껴질 겁니다. 그저 현상을 잘 이해하고 다루는 현명한 스킬을 배우고 적절하게 대응하면 되거든요."

"박사님과 얘기하다보면, 제가 아주 엉망진창인 사람은 아닌 것 같은 기분이 들어요."

그레이스는 여전히 울먹이는 목소리로 대답했다. 하지만 얼굴에는 희미한 미소가 떠올라 있었다.

"그럼요, 그레이스는 문제를 해결하는 방법을 다른 사람들보다 조금 늦게 배우기 시작한 것뿐이에요. 지금까지 아무도 제대로 돌봐주고 가르쳐주지 않아 자연스럽게 익히지 못한 거지요. 이제 하나씩 배우고 대응해나가면 돼요."

J 박사의 말에 그레이스는 문득 깨달았다.

"박사님은 내 편이에요. 그리고…… 엄마예요. 제가 30년 동안 찾아 헤맨 엄마요."

엄마라는 존재를 깊이 경험해본 적은 없지만, 엄마는 분명 J 박사와 같을 거라고 그레이스는 생각했다. 밥 먹는 법, 인사하는 법, 집을 찾아가는 법 등 세상을 살아가는 방법을 아이에게 하나하나 가르쳐주는 엄마처럼, J 박사는 그레이스에게 사람들과 소통하는 법, 복잡한 문제가 생겼을 때 해결하는 법을 차근차근 가르쳐주고 있기 때문이다.

'난 생존자다.'

그레이스는 클리닉을 나오며 마음속으로 되뇌었다. 처음 느껴보는 뿌듯함이었다.

'나의 현재와 과거 그리고 미래까지 있는 그대로 받아들이자. 아무 힘도 없고, 아는 것도 없었던 꼬마였을 때도 나는 살아남았어. 그리고 지금 이렇게 타국에서도 꿋꿋하게 살아가고 있어.'

지금까지는 늘 '왜 모두 나를 힘들게만 할까?' '나에게는 왜 힘든 일만 일어날까?'라고 생각해왔다. 하지만 앞으로는 다르게 생각하겠다고 그레이스는 결심했다. 자신의 고통스러운 인생을 있는 그대로 수인하는 것이 그 첫걸음이었다. 그리고 엄마가 가르쳐주는 대로 무작정 따라 해보는 아기처럼, 자신도 세상과 소통하는 방법을 하나씩

하나씩 배워나가겠다고, 그러다보면 힘든 일보다는 좋은 일이 하나
씩 더 생겨날 거라는 믿음이 그레이스 안에서 꿈틀대고 있었다.

네 번째 방

자살 습관

"마포대교로 가주세요."

택시를 타고 말했다. 택시 기사는 말없이 차를 돌렸다. 이제 차는 강변북로를 달리기 시작한다. 곧 다리에 도착하면 다리 한가운데에서 택시를 멈추고 내릴 것이다. 새벽 네 시. 너무 이른 시간이라 그런지 도로는 한적하다. 다리에는 아무도 없겠지. 나처럼 죽으러 가는 사람이 아니라면, 누가 이 시간에 다리 위에 있겠는가?

조용히 눈을 감았다. 이제 조금 있으면 모든 게 다 끝난다. 후회도 원망도 없다. 그저 이 괴로움이 끝날 거라는 생각뿐이다. 문득, 몇 달 전 클리닉에서 본 서약문이 떠오른다. 위험 행동은 하지 않겠다, 자살 위기가 오면 전화로 도움을 요청하겠다는 내용이었다. 나는 결국 그 서약서에 사인하지 않았다. 치료도 더는 받으러 가지 않았다. 휴대전화는 아마 집에 있을 것이다. 지갑만 겨우 챙겨서 나왔으니까. 이대로 택시를 돌리고 집으로 돌아가 박사님에게 전화를 건다면……. 그럼 어쩌면…….

'다 귀찮아.'

그때였다.

"손님."

마포대교가 가까워오는지 기사가 부르는 소리에 눈을 떴다.

"잠깐 바람 쐬고 댁으로 다시 들어가세요."

황망했다. 그곳은 다리 위가 아니라 한강 둔치였다.

"아니, 왜……."

"조금 걷다보면 생각이 달라질지도 몰라요."

뭔가 와르르 무너지는 느낌이었다. 모든 것을 다 안다는 듯 나를 바라보는 기사에게 나는 대꾸도 못 한 채 택시에서 내렸다. 싸늘한 바람이 머릿속을 파고들어 죽어 있던 내 감각을 깨운다. 조금 있으면 날이 밝을 것이다. 오늘도 나는 죽지 못했다.

이렇게 내 여섯 번째 자살 시도도 실패로 끝났다.

"택시 기사님 덕분에 자살 위기에서 겨우 벗어나셨네요."

박사님의 음성은 늘 그렇듯 편안하다.

"네."

"혹시 지금도 죽고 싶다는 생각이 드나요?"

"지금은 아니에요. 이제 괜찮아요."

사실이다. 박사님의 목소리를 듣는 것만으로도 왠지 차분해지니까. 자살 충동이 사라지고 나면 누군가에게 속마음을 털어놓고 싶은 마음을 억누를 수가 없다. 그래서 다시 박사님을 찾아왔다.

"현정씨가 확실히 안전해질 때까지 현정씨를 보호하는 게 제 의무이자 책임이에요. 그러니 현정씨도 저와 계속 만나면서 치료를 받으려면 제 제안을 따라야 해요. 무슨 말인지 알겠어요?"

박사님의 말에 나는 말없이 고개를 숙였다.

'서약서 얘기구나.'

서약서를 쓰지 않으면 치료를 받을 수 없다는 건 나도 잘 안다. 하지만 내가 또다시 자살 충동에 사로잡힌다면 그땐 어떻게 행동할지 나 자신도 알 수 없다. 그래서 서약서 쓰기를 차일피일 미루며 치료도 중단했던 것이다.

"우리는 현정씨를 위험 상황에서 구하기 위해서라면 무슨 일이든 할 거예요. 그게 현정씨의 비밀을 타인에게 밝히는 일일지라도요."

박사님의 얘기를 듣고 있으니 점점 더 궁지로 몰리는 듯한 느낌이 들었다.

'왜 그렇게까지 해야 하지? 왜 내 문제를 다른 사람에게까지 알리겠다는 거야?'

"왜냐하면 지금 우리에게 가장 중요한 건 현정씨 생명이니까요."

박사님이 마치 내 머릿속 질문을 들은 듯 이렇게 말했다. 문득, 이유는 알 수 없었지만 나는 태어나서 처음 보호받고 있다는 느낌이 들었다.

"절대 위험한 행동을 하지 않겠다고 서약할 수 있습니까?"

"네, 서약할게요."

나는 고개를 들고 박사님을 바라보며 대답했다.

'오늘도 역시 안 되겠다.'

새벽 세 시에 눈을 떴다. 오늘도 한 시간밖에 자지 못했다. 멍하게 누워 있다 그만 자리를 털고 일어났다.

'차라리 일을 하는 게 낫겠어.'

주변 사람들은 나를 일중독자라고 부른다. 어쩌면 그 말이 맞는지도 모른다. 나는 일을 할 때 그나마 편안하다. 타국의 언어, 타인의 생각에 나를 완전히 맡긴 채 번역하는 일에 온 신경을 집중하고 있으면 슬프거나 우울하지도 않다. 그렇게 컴퓨터 모니터와 책, 원고에 파묻혀 있다가 지쳐서 책상에 엎드려 그대로 잠이 들면 한두 시간이라도 편안하게 잘 수 있다.

하지만 잠을 자려고 작정하고 자리에 누우면, 잠이 오지 않는다. 언제부터 그랬을까? 긴장을 풀고 똑바로 누워 있으면 견딜 수가 없다. 내 몸은 언제나 경직되어 있다. 어깨는 긴장감 때문에 위로 들려 있고 목은 뻣뻣하다. 다리에도 힘이 잔뜩 들어가 있다. 일부러 긴장을 풀면, 공허함과 불안감이 가득 차오른다. 그래서였을까? 스무 살 무렵에는 늘 울면서 잠이 들었다. 그리고 잠이 들면 이대로 깨지 않았으면 좋겠다고 생각했다. 지금도 마찬가지다. 이대로, 이대로 영원히 깨어나지 말았으면……

'아, 지금 몇 시지?'

눈을 뜨고 시계를 보니 아홉 시다. 일을 하다 나도 모르게 깜박 잠이 들었나보다. 책상에 엎드려 자느라 뻣뻣해진 몸을 일으키는데 나른한 동시에 불쾌감이 밀려온다. 잠에서 깨면 방심하고 있던 마음에 다시 공허함과 불안감이 들이닥친다.

'일어나자.'

하지만 손가락 하나 까딱하기가 싫다. 세수도, 밥 먹는 것도 다 귀찮기만 하다. 오늘따라 혼자 지내는 이 집이 더 쓸쓸하고 횅하게 느껴진다. 2006년 여름, 네 번째로 자살에 실패한 뒤 나는 엄마 집을 나와 혼자 지내기 시작했다. 혼자 지내면 편할 줄 알았다. 그런데, 아니었다. 사는 게 왜 이렇게 힘들까?

'안 돼. 하지 마. 복잡한 생각은 하지 마.'

겨우 일어나 냉장고를 뒤지기 시작했다. 전기밥솥을 열어서 밥솥을 꺼내 그 위에 바로 냉장고 속 김치, 김, 멸치볶음 등을 쏟아부었다. 그리고 닥치는 대로 입속에 집어넣기 시작했다. 아무 맛도 느껴지지 않는다. 그저 생각을 멈추기 위해 씹고 삼키고, 다시 씹고 삼킬 뿐.

순식간에 밥솥이 텅 비었다. 잠시 휴대전화를 만지작거리면서 생각했다.

'유정이한테 전화라도 할까?'

유정은 쓸쓸할 때나 힘들 때 마음 편하게 전화할 수 있는 유일한 친구다. 하지만 유정은 회사 일로 늘 바쁘다. 지금도 출근해서 한창 바쁠 시간이다. 나는 메시지라도 보내볼까 하다가 그만 휴대전화를 내려놓았다. 그러고는 나른한 몸을 일으켜 청소를 하기 시작했다. 한쪽 구석에 방치되어 있던 빨랫감을 세탁기에 넣고 걸레질을 하려고 고개를 숙이는데 갑자기 배가 꼬이는 듯 아프더니 배 속에서 무언가 치밀어 오르기 시작했다.

"웩, 웩."

나는 화장실로 달려가 30분 전에 먹은 밥을 몽땅 토해내고 말았다.

오후 햇살을 받아 거리는 따뜻하다. 자료도 찾을 겸 기분 전환도 할 겸 집 근처 도서관에 갔다가 집으로 돌아오는 길이다.

이제 완연한 봄이다. 겨울이 길었던 탓인지, 봄기운에 사람들 표정이 환하다. 가로수에는 초록색 움이 터질 듯 가득하다. 늘 지나치는 옷가게에는 어느새 화려한 봄옷이 걸렸다. 그런데 옷가게 앞에서 비척대는 강아지 한 마리가 눈에 들어왔다. 거리를 헤매고 다녔는지 하얀 털이 거무스름하다. 모두가 따뜻한 봄기운 아래 있는데 강아지와 나만 어둠 속을 걷고 있는 것 같았다.

'엄마가 없니?'

애처로운 마음에 강아지 쪽으로 한 발 내딛으려는데, 내 옆을 스쳐가는 한 여자아이의 목소리가 바람결에 들려와 나는 그대로 멈춰 서고 말았다. 여자아이가 엄마 손을 잡고 나를 앞질러 걷고 있다.

"엄마, 그러니까 나도 다니게 해줘."

여자아이와 엄마는 손을 꼭 잡고 어딘가로 가는 길인 듯했다. 아이가 떼를 쓰자 엄마는 길에 멈춰 서서 아이의 눈을 바라보며 조용히 나무란다. 어딜 가는 걸까? 무슨 얘기를 조잘대는 걸까?

"친구 따라서 학원을 다니겠다는 거잖아? 피아노가 치고 싶어 그러는 게 아니고."

"아니야, 피아노도 치고 혜원이랑도 같이 놀고 그럴 거야. 그러니까 보내줘, 보내줘!"

엄마가 달래듯 야단치는 소리에도 아이는 아랑곳없이 떼를 쓰고 있다.

'그래, 아이들은 다 저렇지. 하지만 나는? 나도 아이였을 적엔 저랬을까?'

아니다. 난 그런 기억이 없다. 나는 떼를 쓰는 법을 몰랐다. 지금도 모른다. 저 아이처럼 원하는 것을 요청하면 못 이기는 척 들어주는 사람이 없었으니까. 나는 내가 원하는 것이 있을 때가 아니라 곤경에 빠져 어쩔 수 없을 때만 겨우 타인에게 도움을 요청하곤 했다.

문득 깨달았다. 나는 요구하는 능력을 잃어버린 사람이다.

"하루에 몇 시간 정도 주무시나요?"

"두세 시간 정도……. 30분 정도 잘 때도 있고요, 아예 못 자는 날도 많아요."

"잠이 안 오면 어떻게 해요? 잠들려고 노력해요? 아니면……."

"그냥 일해요. 예전엔 새벽에 편의점에서 아르바이트도 했어요. 잠이 안 오니까 차라리 일을 더 하는 게 나을 것 같아서요."

"식사는 어때요? 규칙적으로 하는 편인가요?"

"먹고 싶을 땐 먹지만, 사실 식욕이 없고 좋아하는 음식도 별로 없어요. 커피는 좋아해요."

질문을 던지는 박사님의 눈빛에 근심이 어리는 것이 느껴진다.

"번역가라고 하셨죠?"

"네."

"일은 어때요? 재미있어요?"

"네, 좋아하는 일이에요."

박사님의 얼굴에 오늘 처음으로 엷은 미소가 피어올랐다.

"이유가 뭘까요?"

"타인이 쓴 글에 집중하고 있으면 안전한 느낌이 들어요. 내가 그 글 뒤에 숨는 듯한 느낌이에요."

박사님은 잠시 생각에 잠기더니 말을 이었다.

"현정씨, 내가 현정씨한테 들은 얘기에 따르면 현정씨는 잠도 잘 안 자고 과도하게 일하면서 밥도 잘 먹지 않아요. 지금까지 그렇게 살아왔어요. 그렇죠?"

박사님의 말이 맞다. 나는 그렇게 살고 있다. 하지만 어쩔 수가 없다. 남들처럼 평화롭고 태평하게 살고 싶다. 하지만 내 삶은 늘 괴롭고 복잡하다.

"상식적으로 한번 생각해보세요. 사람이 먹지도 자지도 않고 일만 한다면 어떻게 되겠어요?"

"……죽어요."

"그래요, 그렇게 계속 살다가는 현정씨 스스로 자신을 파괴하고 말 거예요. 현정씨는 지금 자기 파괴적인 삶을 살고 있어요."

뒤통수를 세게 얻어맞은 것 같았다. 내가 자신을 파괴하며 살고 있었다니……. 지금껏 그렇게 죽고 싶어 했는데도 내 삶이 나를 죽이고 있다는 그 말은 충격적이었다.

"하지만……, 하지만 일을 하지 않으면 자꾸 생각하게 돼요. 이런 저런 복잡한 생각을 하기 싫어서 그랬을 뿐이라고요."

"그리고 그 복잡한 생각에서 벗어나려고 계속 자살 시도를 했죠. 맞나요?"

"네, 그래요……. 그랬어요."

"현정씨는 자신의 몸을 소중하게 여기는 법을 익혀야 해요. 그리고 왜 자꾸만 자기 자신을 파괴하려 하는지 그 이유를 찾아야 해요."

"왜냐하면, 삶이 의미가 없으니까요. 나는 태어나지 말았어야 할 존재였어요."

열한 살 때였다.

"태어나지 말았어야 할 게 태어나서는……. 그래, 낳은 게 천벌이다. 저거 얼굴만 보면 내 속이 썩어 문드러져."

그날도 역시 술에 취한 엄마는 나를 붙잡고 화풀이를 했다. 하루 이틀 당한 일도 아니었건만 이상하게도 문득 이런 생각이 들었다.

'난 태어나지 말았어야 할 아이야. 그러니 죽어버리자.'

텔레비전에서 봤는지 책에서 읽었는지는 모르겠지만 난 알고 있었다. 칼로 손목을 그으면 '자살'할 수 있다는 걸. 나는 방으로 들어가 문을 걸어잠갔다. 그러고는 필통을 열어 작은 칼을 꺼냈다. 손목을 칼로 긋기만 하면 나는 죽을 것이고 엄마는 행복해질 것이다. 칼이 서늘하게 번들거렸다.

'해보자.'

손목에 칼끝을 갖다 댔다. 차가웠다. 팔의 솜털이 곤두섰지만 이상하게도 무섭지는 않았다. 손끝에 힘을 주고 종이를 자르듯 손목을 그었다.

"아!"

생각지도 못한 아픔이었다. 칼이 지나간 자리가 너무 아팠다. 게다가 피는 별로 나오지 않았다.

'한 번 더, 한 번만 더……'

칼에 베인 상처 위에 또 칼을 들이대려니 그제야 겁이 나면서 손이 덜덜 떨리기 시작했다. 육체의 고통이 무감각했던 내 마음을 건드려 무너뜨렸다. 결국 나는 다시 한 번 칼을 긋는 대신 입을 막고 조용히 울음을 터뜨렸다.

'아파……'

그때는 마음의 아픔을 깨닫기에도, 팔목의 아픔을 견디기에도 너무 어렸다.

내가 나를 죽이는 일이 엄청난 육체적 고통을 가져온다는 것을 깨달은 그날 이후, 나는 어떻게 하면 고통 없이 죽을 수 있을지 종종 생각했다. 잠을 자면서 죽는 게 가장 편안할 것 같았다. 아니면 갑자기 사고가 나거나 높은 곳에서 떨어지는 것도 괜찮을 것이다. 어쨌든 순식간에 일이 벌어질 테니 고통이 있다 해도 몇 초만 견디면 곧 모든 것이 끝나리라.

2001년 새벽, 버스정류장에 서 있다가 빠르게 달려오는 차를 향해 뛰어들었다.

끼이이익 ―.

자동차는 바로 내 눈앞에서 급정거했다.

"아니, 이 여자가! 미쳤어?"

운전석에서 누군가 내리더니 나를 향해 소리를 질렀다. 나는 그 광경을 영화를 감상하듯 멍하니 바라만 보고 있었다.

2003년 가을, 춘천으로 향하는 기차를 탔다. 기차가 한적한 철로를 달리는 광경을 바라보다가 나는 자리에서 일어나 통로로 나갔다. 아무도 없는 것을 확인하고는 탑승구를 열었다.

덜컹, 덜컹, 덜컹……

기차의 흔들림에 몸을 맡기며 막 뛰어내리려는데 뒤에서 누군가가 내 팔을 잡았다.

"아이고, 젊은 사람이……."

할머니의 손에 이끌려 나는 문손잡이를 놓고 기차 화장실 쪽으로 몸을 옮겼다. 거칠거칠하고도 따뜻한 손이었다. 그제야 기차가 덜컹거리는 소리가, 세차게 기차 안으로 들이치는 바람이 느껴졌다.

2006년 여름 어느 날, 내 방 문을 걸어잠그고 엄마와 동생이 잠들 때까지 기다렸다. 그러고는 몰래 화장실에서 가져온 청소용 세제와 수면제를 함께 마셨다. 몇 시간 뒤, 나는 병원에서 깨어났다.

'지독한 것.'

나를 내려다보는 엄마 눈빛은 꼭 이렇게 말하는 것 같았다.

2010년에는 쥐약을 먹었다. 하지만 죽지 않았다. 왜 살아난 걸까? 아마도 쥐약의 양이 너무 적었던 것 같다.

2년 전부터는 수면제를 한 알씩 모으고 있다. 치사량을 모으려니 시간이 꽤 걸렸다. 하지만 나는 서두르지 않았다.

'좀더 모아야 해.'

수면제는 지금도 내 책상 서랍 깊숙한 곳에 숨겨져 있다. 언젠가 죽기에 충분한 양이 모이면 그날은 분명 죽을 수 있을 것이다. 여섯 번째는 실패했지만 일곱 번째 자살은 반드시 성공할 것이다.

몇 달 만에 엄마 집에 갔다.

"다녀가."

며칠 전, 전화기 너머로 엄마가 건조한 목소리로 이렇게 말했을 때만 해도 엄마를 만나고픈 생각은 없었다. 하지만 박사님과 면담을 한 뒤 문득 엄마를 보러 가야겠다는 생각이 들었다.

엄마를 생각하면 빈 소주병과 희미한 술 냄새가 가장 먼저 떠오른다. 멍한 표정과 갈라진 목소리, 긴 한숨과 탄식도 뒤따른다.

"너만 생기지 않았어도, 그래서 네 아빠랑 결혼만 안 했어도 내가 이렇게 고생하고 살진 않았을 텐데. 네 아빠란 인간은 죽었는지 살았는지 이젠 찾아오지도 않지. 차라리 잘된 일이야. 찾아와봐야 때리기밖에 더하겠어?"

엄마의 탄식은 매일 이런 식으로 이어졌다. 눈물과 한숨, 그리고 다시 술병을 찾던 엄마……. 엄마가 불쌍하다. 그래서 엄마가 바라는 건 돈이든 무엇이든 다 내어주게 된다.

"엄마."

엄마 집 현관문은 언제나 그렇듯 열려 있었다. 집 안으로 들어서며 엄마를 부르니 안방 문이 열리고 엄마가 비척비척 얼굴을 내민다.

"왔어?"

엄마는 이제 술을 마실 수 없다. 간 수치가 너무 높아 한 잔의 술도 몸이 버틸 수 없기 때문이다. 엄마 옆에는 술병 대신 약 봉지가 놓여 있다.

"병원은 다녀왔어? 좀 어떻대?"

"늘 그렇지. 약만 꾸준히 먹으라더라."

엄마는 끙 하는 소리를 내며 다시 자리에 돌아누웠다.

"딸이라고 있어봐야 다 소용 없지. 혼자 편하겠다고 엄마도 나 몰라라 하고 집 나가 사니 좋아? 내 속을 누가 알아, 내 속을……."

'미안해, 엄마.'

차마 내뱉지 못한 말이다. 엄마를 생각하면 죄책감이 밀려온다. 엄마는 불행한 사람이다. 결혼한 뒤로는 남편에게 늘 폭행을 당했다. 나와 내 동생을 혼자 힘으로 키우느라 점심도 거르면서 일했다. 엄마에게 조금이나마 위안을 주는 것은 술뿐이었다. 나는 엄마에게 아무런 위로도 주지 못하는 존재였다.

엄마가 처음 응급실로 실려 갔을 때가 떠올랐다. 5년 전쯤이었을 것이다. 길에서 쓰러졌다고 했다. 그때 의사는 이렇게 말했다. 간이 거의 제 기능을 못한다고, 그리고 엄마의 뼈가 70세 노인의 뼈 같다고……. 그렇게 젊은 시절을 다 보낸 엄마는 결국 늙고 병든 채 혼자 살고 있다. 대체 우리는 왜 사는 걸까? 이렇게 고통뿐인 인생을 살기 위해 먹고 자고 움직이는 걸까…….

하룻밤 자고 올 생각으로 왔건만 나는 그만 자리에서 일어났다. 엄마의 불행을 옆에서 계속 지켜볼 용기가 없다.

"엄마, 나 갈게. 또 올게요."

엄마의 등을 바라보며 인사를 하고 현관문을 나섰다. 그때였다.

"현정아."

엄마가 다급하게 부르는 소리에 깜짝 놀라 고개를 돌렸더니 엄마가 어느새 문 앞에 배웅을 나와 있다.

"왜?"

"있어봐. 줄 거 있다."

나는 아무 말 없이 현관문 앞에 멀뚱멀뚱 서서, 엄마가 냉장고 문을 열고 반찬통을 꺼내 종이봉투에 넣는 모습을 지켜보았다.

"네가 좋아하는 마늘장아찌 만들었어. 왜 그렇게 마르기만 하니? 이제 맘 편히 살아……."

엄마가 말끝을 흐리더니 내 손에 종이봉투를 쥐여주었다. 잠깐 스친 엄마의 손끝이 거칠어 나는 왈칵 눈물이 쏟아질 것 같았다.

'엄마 어떻게 알았어? 나 엄마가 만든 마늘장아찌 좋아했는데. 엄마가 끓여주는 콩비지찌개도…….'

속으로만 이런 말을 엄마에게 건네며, 나는 고맙다는 인사도 못한 채 현관문을 나섰다. 밖은 여전히 환하다. 봄빛이 며칠 전보다 더 짙어진 것 같았다.

"엄마를 생각하면 어떤 느낌이 드나요?"

"여러 가지 감정이 한꺼번에 밀려와요. 예전에는 엄마가 밉고 원망스러웠는데 지금은 그냥 마음이 아파요. 슬프고 미안하고, 죄책감이 들어요."

"왜 죄책감이 들죠?"

"엄마는 나를 힘들게 길렀는데 나는 엄마를 버렸어요. 엄마에게 잘
해야지 했다가도 막상 얼굴을 보면 그게 잘 안 돼요. 엄마를 다독여주
기는커녕 원망에 휩싸이기만 하고……."

엄마의 탄식, 엄마 옆에 놓인 약봉지가 떠올라 눈물이 났다. 나는
대체 얼마나 못 돼먹은 인간이란 말인가?

"왜 원망에 휩싸이죠?"

"어렸을 때 기억 때문인 것 같아요. 그때는 엄마가 나를 미워한다
고 생각했거든요. 그런데 철이 들고 나서는 그래도 엄마가 어렵게 나
를 키웠는데 그렇게 생각하는 건 어른스럽지 못하다는 생각이 들었
어요. 엄마를 이해하자, 가엾게 여기자, 그렇게 마음을 다스리려고 하
는데 불쑥불쑥 못된 감정이 되살아나요."

나는 겨우 눈물을 참으며 말을 이었다. 다른 사람 앞에서 엄마에 대
해서 이렇게 솔직하게 털어놓은 적은 처음이었다.

"어렸을 때 엄마 눈치를 많이 봤어요. 엄마가 일하느라 힘드니까
최대한 엄마가 힘들지 않게 내가 잘해야겠다고 생각했어요. 그래서
동생도 돌보고 집안일도 하고……. 그랬는데도 엄마는 늘 야단만 쳤
어요. 괜히 낳았어, 넌 나를 힘들게만 하는구나, 이런 말을 들을 때마
다 엄마가 원망스러웠어요. 지금은 다 이해해요. 엄마도 힘들어서 그

낭 하소연했던 건데…… 그래도 한 번쯤 엄마가 나를 칭찬해줬으면, 잘했다고 따뜻하게 안아줬으면 하고 생각했던 것 같아요. 그때는 어렸으니까요."

나도 모르게 엄마 이야기를 계속하고 있다. 한번 털어놓기 시작하니 멈출 수가 없다. 박사님은 고개를 끄덕이며 이렇게 말했다.

"엄마가 나를 사랑해줬으면 좋겠다는 마음이에요. 아주 자연스러운 감정이죠. 아이가 엄마의 따뜻한 품을 그리워하는 건 당연해요. 그런데 엄마는 나를 미워하고 내치기만 해요. 아이는 엄마의 끊임없는 긍정을 통해 자존감을 형성하는데, 너는 나쁘고 좋지 않다, 나는 너를 사랑하지 않는다는 메시지만 계속 받았으니 어떻게 되었겠어요? 나는 필요 없는 존재구나, 내 삶은 의미가 없구나, 이런 생각으로 이어진 거예요. 지난번 상담 때도 그런 말을 했었잖아요? 자신은 태어나지 말았어야 할 존재라고요. 엄마를 미워하고 원망하는 마음이 드는 건 어찌 보면 당연해요."

박사님의 말이 내 마음을 송곳처럼 찔러댔다.

"아니에요, 그런 게 아니라……"

"현정씨, 우리는 현정씨가 왜 자기 파괴적인 삶을 사는지 그 이유를 찾아야 해요. 내 생각에는 현정씨와 어머니의 관계 속에 그 답이 있는 것 같아요."

"아니라고요, 난 엄마를 다 이해해요. 그리고 엄마한테 죄책감을 느껴요. 착한 딸이 못 돼서 미안할 뿐이에요."

나도 모르게 소리를 지르고 말았다. 상담을 하면서 이렇게 화가 난 적은 처음이었다. 흥분이 좀처럼 가라앉지 않았다.

'내가 엄마를 미워하는 게 당연하다고? 내가 듣고 싶은 말은 이런 게 아니야. 뭔가 잘못됐어.'

박사님의 방을 나오면서 결심했다. 다시는 이곳을 찾지 않겠다고.

"여보세요, 여보세요?"

"네, 누구시죠?"

"박사님, 저예요…… 조현정……."

"네? 아, 현정씨. 정말…… 오랜만이네요. 무슨 일이에요? 아, 그런데 지금 몇 시죠?"

"구해주세요. 도와주세요……."

새벽 네 시, 나는 휴대전화를 붙잡고 소리를 지르고 있었다. 박사님의 목소리를 몇 달 만에 처음 들었다. 잠에 취한 듯 가라앉은 목소리를 듣자, 나는 박사님의 잠을 쫓아버리고 싶은 마음에 나도 모르게 목소리를 높였다.

"도와줄 수 있는 사람이 박사님밖에 없어요. 난 곧 죽을 거라고요! 위험한 순간엔 나를 위해 무슨 일이든 할 거라고 약속했잖아요!"

"현정씨, 진정해요. 지금 어떤 상황이죠?"

"죽고 싶어요……."

책상 서랍 깊숙이 숨겨두었던 수면제를 몽땅 꺼낸 다음이었다.

'한입에 털어넣으면 돼.'

하지만 무언가 마음에 걸렸다.

'뭐지?'

방 안을 휘휘 둘러보았다. 원고로 뒤덮인 책상, 썰렁한 바닥, 작은 창문……. 어느 한 구석 미련 남는 곳이 없다. 싱크대 안에는 마시다 만 식은 커피가 담긴 머그컵이 놓여 있을 것이다. 온기라고는 없는 이곳, 차가운 냉장고 같은 이곳…….

'엄마가 준 마늘장아찌.'

받아온 날 냉장고에 넣어두고는 한 번도 먹지 않은 마늘장아찌가 갑자기 떠올랐다. 내가 손도 대지 않은 걸 보면 엄마는 마음이 아플까? 엄마가 미워서, 좋아하는 마늘장아찌를 한입도 먹지 않았다고, 그렇게 생각할까?

'아니야, 엄마. 왠지 뚜껑을 열기가 아까워서 그랬어. 먹어버리고 나면 없어지니까.'

하지만 죽고 나면, 엄마에게 이 말을 해줄 수 없다.

내 손안에는 이미 일곱 번째 자살을 위해 모아둔 수면제가 가득하다. 그리고 난 알고 있다. 일곱 번째 자살은 절대 실패하지 않으리라는 것을.

손이 바들바들 떨려서, 나는 수면제 몇 알을 놓쳐버리고 말았다.

또르르르르.

동그랗고 매끄러운 약이 바닥을 타고 구르다가 단단하고 납작한 물체에 닿아 멈췄다. 휴대전화다. 나는 그 순간의 망설임을 놓치지 않고, 휴대전화를 집어들어 박사님의 전화번호를 눌렀던 것이다.

"혼자 있나요?"

"네, 수면제를 손에 쥐고 있어요."

"자, 천천히 손을 펴서 수면제를 바닥에 버리세요."

"네……."

바들바들 떨리는 손가락을 하나씩 펴서 수면제를 바닥에 떨어뜨렸다. 또르르르, 동그란 알약들이 바닥에 떨어지는 소리가 들린다.

"버렸어요."

"그럼, 이제 일어나서 화장실로 가세요. 찬물에 세수를 하고 나면 기분이 달라질 거예요. 그런 다음 밖으로 나가 바람을 쐬세요."

"싫어요. 박사님이랑 계속 통화하고 싶어요. 제발 제 얘기 좀 들어주세요."

"현정씨, 나한테 하고 싶은 얘기가 있나요?"

"죽고 싶은데, 죽었으면 좋겠는데 왜 죽을 수 없었을까요? 왜 박사님에게 전화를 걸어 살려달라고 했을까요? 모르겠어요. 박사님은 알고 있죠?"

"현정씨, 무척 혼란스러울 테지만 나와 지금 얘기를 나눈다고 해서 마음이 진정되지는 않을 거예요. 그보다는 위험한 행동을 하려고 했던 그 장소에서 벗어나는 편이 좋아요. 이제 내 말대로 일어나서 세수를 하고, 밖으로 나가봐요. 너무 늦은 시간이라 밖으로 나가가기가 무서우면, 창문을 열고 찬 공기를 들이마셔보세요. 그러고 나서 마음이 진정되면, 괜찮아졌다는 문자를 보내주세요. 알았죠?"

"네……."

"곧 클리닉에서 뵙길 바랄게요. 현정씨는 용감한 사람이니까, 분명 용기를 내서 다시 찾아올 거라 믿어요."

나는 전화를 끊고 화장실로 가, 박사님의 말대로 찬물을 얼굴에 끼얹었다. 순간, 정신이 번쩍 들었다. 긴 잠에서 깨어난 듯했다. 방으로 돌아가 창문을 활짝 열어젖히니, 차가운 밤바람이 순식간에 방 안을 채웠다.

'휴…….'

시계를 보니 어느덧 새벽 네 시 반이었다. 밖으로 나가고 싶었지만 깜깜한 어둠 속을 혼자 걸어 다니고 싶지는 않았다. 창가에 기대선 채 멍하니 바람을 맞고 있으니 조금씩 하늘이 밝아왔다. 해가 떠오르자

새들이 지저귀는 소리가 멀리서 들려오기 시작했다. 세상이 깨어나고 있었다.

내가 혼자 어둠 속에 잠겨 죽음을 생각할 때에도 시간은 열심히 흘러 빛을 세상에 되돌려주고, 어둠에 잠겨 있던 세상은 활기를 되찾는다. 갑자기 '나'라는 존재가 작고 하찮게 여겨졌다. 그런데 그 느낌이 나쁘지 않았다. 지금까지는 세상에서 내가 가장 외롭고 불행하다고만 여겼는데, 어쩌면 그 불행은 내가 스스로 만들어낸 것일지도 모른다는 생각이 들었다.

손가락, 발가락을 꼬물꼬물 움직여보았다.

'그래, 나는 아직 살아 있어. 언젠가는 내 삶에도 이렇게 환한 빛이 비칠 거야.'

나는 상쾌한 새벽 공기를 깊이깊이 들이마시며 그동안 짊어지고 있던 죽음의 그림자를 털어냈다.

몇 달 만에 다시 찾은 클리닉은 예전과 조금도 달라진 게 없었다. 따뜻한 공기와 은은하게 흐르는 음악 소리, 미소 짓는 사람들……. 박사님의 방으로 들어가 의자에 앉으니, 박사님이 환하게 웃으며 나를 반겨주었다.

"다시 찾아올 거라고 믿었어요, 현정씨. 정말 잘했어요."

"그동안 죄송했어요. 저 정말 바보 같았죠?"

"아니에요, 모든 게 다 과정이에요. 현정씨가 새로운 삶을 찾아가는 과정이죠. 이번에 큰 위기가 한 번 찾아왔는데, 잘 버텼어요. 어땠어요?"

"박사님 말씀대로 창문을 열고 찬바람을 맞으니, 긴 잠에서 깬 것처럼 정신이 번쩍 들었어요."

"이제 자살 위기에서 벗어나기 위한 여러 스킬들을 나와 함께 익히게 될 거예요. 현정씨는 잘 몰랐겠지만, 이번 위기 때도 앞으로 배울 스킬들을 적용했어요."

"스킬이요?"

"네, 맞아요. 일단 자살 욕구가 강하게 들 때는 먼저 위험한 물건들을 버리고, 자살을 시도했던 그 장소에서 벗어나는 게 좋아요. 혼자 있지 말고 누군가와 함께 있거나 전화를 하세요. 모두 이번 위기 때 제가 현정씨에게 제안했던 방법들이에요. 어땠어요? 효과가 좀 있었어요?"

"네, 하지만 자살 위기를 다시는 겪고 싶지 않아요. 나도 모르게 죽고 싶다는 생각에 빠져버리는데 그게 견딜 수 없이 고통스러워요. 편안해지고 싶어요……."

"우울한 기분에 깊이 잠기면 다른 것은 생각할 수 없는 상태가 되어버려요. 그러니 그 기분에 깊이 잠기지 않도록 노력하고 생활 습관도 바꿔야 해요."

"어떻게요?"

"기분이 가라앉거나 불행하다고 느낄 때, 죽어버리고 싶다는 충동이 들면 먼저 내면이 아닌 외부로 시선을 돌리는 게 좋아요. 내가 평소 좋아하는 활동을 하는 것도 좋은 방법이죠. 현정씨는 무엇을 할 때 즐거운가요?"

"……도서관에 갈 때요. 책에서 나는 냄새가 좋아요. 재미있는 소설을 읽는 것도 좋아하고요."

"주변에 가까운 사람은 없나요?"

"친구가 있어요. 유정이라고……. 유일하게 마음이 통하는 사람이에요."

"또 어떤 것을 좋아하죠? 그냥 생각나는 대로 편안하게 얘기해보세요."

"조용한 곳이 좋아요. 숲 속이나 한적한 카페 같은 곳이요. 조용한 카페에서 커피 마시는 걸 좋아해요. 아, 저 강아지 좋아해요. 고양이, 새 같은 작은 동물은 다 좋아해요."

내가 이렇게 좋아하는 것이 많았나? 새삼 놀라면서도 나는 봇물 터지듯 말을 이어나갔다.

"번역 일도 좋아요. 사람들은 제가 일을 너무 과도하게 한다고, 일 중독이라고 놀리지만요. 정말 재미있는 소설을 맡게 되면 가슴이 벅

차올라요. 그리고……."

'엄마의 마늘장아찌.'

이 말을 하려는데 차마 입 밖으로 내뱉지 못했다. 내 머뭇거림을 느꼈는지 박사님은 내 눈을 바라보며 내가 말을 잇기를 차분히 기다려주었다.

"엄마가…… 엄마가 해준 반찬이요."

겨우 내뱉은 말끝에 목이 메어왔다. 왈칵 눈물이 쏟아져 얼굴을 적셨다. 눈물은 멈추지 않고 계속 흘렀다. 나도 모르는 사이, 나는 영영 울고 있었다.

"다른 사람 앞에서 운 건 처음이에요."

1주일 전 일이 생각나 나는 다시 얼굴이 화끈거렸다.

"그랬군요. 그땐 왜 그렇게 눈물이 났을까요?"

"엄마를 생각하니까, 나도 모르게 눈물이 났어요. 이유를 모르겠어요. 하지만 한바탕 울고 나니 홀가분해졌어요. 엄마에 대한 마음도 한결 가벼워졌고요."

"몇 달 전에 나눴던 이야기, 기억나세요? 엄마에 대해 이야기하다가 무척 기분이 상했잖아요."

물론 기억한다. 그때는 박사님이 마치 나를 공격하는 것만 같았다.

하지만 지금은 조금 달랐다. 확실히 알 수는 없지만, 엄마 이야기가 무척 중요하게 느껴졌다. 엄마에 대한 내 마음을 정리하지 않으면 나는 늘 같은 자리를 맴돌 것이다.

"지금은 어떠세요? 엄마 얘기를 함께 나눠도 될까요?"

"네, 괜찮아요."

나는 고개를 끄덕였다. 나도 모르게 긴장이 되었는지 꼭 쥔 두 손에 땀이 배어 나왔다.

"현정씨 인생에서 엄마의 자리는 무척 크죠? 사실 모든 이에게 엄마는 절대적인 존재일 거예요. 그러니까 엄마에 대한 이야기는 무척 어렵고 예민한 게 사실이죠. 엄마를 생각하면 어떤 감정이 들죠?"

"미안함, 죄책감이요. 엄마가 얼마나 힘들게 살았는지 아니까, 내 존재가 정말 짐이었겠다는 생각이 들어요. 하지만 한편으로는 엄마가 미워요. 예전엔 인정하기 싫었지만 이젠 저도 알아요. 엄마를 미워하고 있다는 걸요. 왜 나한테 태어나지 말았어야 할 존재였다는 모진 말을 했냐고, 그런 말들이 내게 얼마나 큰 상처를 남겼는지 아느냐고 따지고 싶어요. 하지만……."

"네, 계속 말씀하세요."

"그럴 수 없어요. 엄마가 불쌍해서요."

"그래요, 엄마는 밉기도 하고 불쌍하기도 한 사람이에요. 현정씨는 그런 엄마를 생각하면 괴롭죠? 어떻게 하면 현정씨의 마음이 편안해질까요? 중요한 건 그거예요. 현정씨가 엄마와 편안해질 수 있는 방법을 찾는 거요. 엄마와 어떻게 지내고 싶어요? 관계를 끊고 싶어요, 아니면 엄마와 더 가까워지고 싶어요?"

"아직 잘 모르겠어요. 일단 엄마랑 툭 터놓고 얘기해보고 싶어요."

엄마와 다정하게 지내는 것까지는 바라지도 않는다. 다만 꼭 한 번 물어보고 싶다. 왜 어린 나에게 매일 그런 말을 했느냐고, 왜 한 번도 따뜻하게 보듬어주지 않았느냐고…….

박사님은 확신에 찬 목소리로 말을 이었다.

"그러면 이제 목표를 세워봅시다. 가장 큰 목표는 현정씨가 편안한 삶을 되찾는 것이겠죠? 그러기 위해서 앞으로 나와 함께 여러 가지 변화를 시도해볼 거예요. 엄마와 마음을 열고 대화를 나누어, 엄마와의 관계를 편안하게 정리하는 것도 그 과정 중 하나이고요. 어때요, 잘할 수 있겠어요?"

"네, 노력할게요."

새로운 생활 습관 만들기. 박사님이 내게 내준 첫 번째 숙제다.

"규칙적인 생활을 하는 거예요. 지금까지의 생활과는 다른 생활을 시도해보는 거죠. 분명 도움이 될 거예요."

나는 억지로라도 아침에 일찍 일어나고 밤에는 잠을 자려고 노력했다. 입맛이 없어도 밥을 조금씩 먹었고 커피를 줄였다.

'힘들다……'

몇 년을 밤낮이 뒤바뀐 채 생활해온 탓인지, 아침 일찍 일어나려니 눈꺼풀이 무겁고 머리가 멍했다. 밤이 되어 잠을 자려고 편안하게 누워도, 왠지 어색해서 잠이 오지 않았다. 늘 일하다 지쳐 쓰러지듯 잠들었기 때문일까?

문득, 나 자신에게 화가 나기 시작했다. 남들은 다 하는 평범한 생활조차 할 의지가 없는 내가 정말 한심했다.

'의지도 없고, 나약하기만 해. 고작 이런 평범한 일들도 힘들어서 못 견디다니……'

결국 1주일 뒤 클리닉을 다시 방문할 때가 되자 나는 완전히 지쳐버렸다.

"잠도 안 오고 왠지 불안해요. 버텨야 하는데 의지도 없고 기운도 없어요. 저 자신이 너무 한심해요."

하지만 박사님은 나무라는 기색도 없이 늘 그렇듯 웃음 띤 얼굴로 나를 바라보더니, 갑자기 종이에 무언가를 적기 시작했다.

"자, 보세요."

박사님이 넘겨준 종이를 펼치자 커다랗게 적힌 글자가 눈에 들어왔다.

習慣

"익힐 습, 익숙할 관, 습관이에요. 현정씨는 그동안 자신의 몸과 마음을 힘들게 하는 생활을 해왔어요. 그게 익숙해지고 몸에 스며들어 '나쁜 습관'이 된 거예요. DBT에서 쓰는 표현으로는, '잘못 형성된 행동 패턴'이라고 말해요. 오랫동안 형성된 이 나쁜 행동 패턴에 익숙해져 있으니 편안하고 건강한 생활이 몸에 맞지 않는 옷을 입은 듯 불편할 수밖에요."

"습관…… 행동 패턴이라고요?"

"그래요, 불편한 생활이 습관이 되어서 오히려 편안하게 느껴지는 거예요. 이건 현정씨의 의지와는 상관없는 문제예요."

"하지만 계속 이렇게 힘들다면 언젠간 포기하게 될 것 같아요. 그런 생각을 하면 한심해서 견딜 수가 없어요."

"그렇지 않아요. 어떤 습관이든 익숙해지기까지는 시간이 필요해요. 자신을 파괴하는 습관에서 서서히 벗어나, 자신을 살게 하는 습관에 물들 때까지 시간을 가지고 노력해야죠. 잘될 때도 있고 잘 안 될 때도 있을 거예요. 하지만 천천히 일어나는 변화 속에서 우리는 희망을 찾을 수 있어요. 잘 안 될 때는 지금 익히고 있는 스킬들을 적용하면 한결 수월할 거예요. 자, 지난 자살 위기 때 어떤 스킬들을 배웠죠? 한번 얘기해볼까요?"

"즐거운 활동을 해요. 가까운 사람과 함께 있거나 장소를 바꾸는 것도 도움이 되고요."

"잘했어요. 평소에도 힘들 때 이 스킬들을 적용하면 견디기가 쉬워져요."

쿵쿵쿵, 쿵쿵!

"엄마, 문 열어! 엄마, 엄마!"

아빠가 뒤에서 쫓아오고 있다. 엄마한테 어서 알려야 하는데, 아무리 문을 두드려도 엄마는 열어주지 않는다.

'도망쳐야 해!'

뛰어가려고 했지만 다리가 말을 듣지 않는다. 아빠는 엄마와 내가 숨어 있는 곳을 어떻게 알고 찾아왔을까?

"엄마, 무서워. 엄마, 엄마!"

퍼뜩 눈을 떠보니 꿈이다. 손이 아프다. 아니 온몸이 아프고 차갑다. 식은땀으로 흠뻑 젖은 몸이 오들오들 떨렸다.

'휴, 또 같은 꿈이었네.'

얼마나 손을 꼭 쥐고 있었는지, 손바닥에는 손톱이 박힌 자리가 벌겋게 물들어 있었다.

꿈속에서 나는 어린 초등학생 꼬마로 돌아가 있었다. 아빠를 피해

여인숙 이곳저곳을 떠돌며 숨어 살 때였다. 언제나 아빠가 엄마와 나, 동생을 찾아낼까봐 두려워하며 하루하루를 보냈다. 그 시절의 기억은 언제나 이렇게 꿈으로 찾아와 나를 괴롭힌다.

"어젯밤에도 잠을 제대로 자지 못했어요."

"무슨 일이 있었나요?"

박사님은 근심스러운 표정으로 물었다.

"아니요. 항상 잠을 잘 못 잔다고 말씀드렸잖아요."

"그렇군요. 지금까지 잠을 잘 잘 수 있도록 여러 가지 스킬도 써보고 행동 패턴도 분석을 해왔는데, 무언가 놓치고 있는 것 같네요."

박사님은 책상으로 가서 노란색 노트와 연필을 집어들더니 나에게 건넸다.

"지금 살고 계시는 방을 한번 그려보세요. 어디에 무엇이 있는지 아주 자세하게요."

"예?"

생각지 못한 말에 나는 조금 놀랐다.

'내 방……'

아무것도 없는 허름한 내 방을 그리려니 부끄러워 차마 연필을 잡을 수가 없었다. 하지만 나는 마음을 가다듬으며 솔직하게 내 방을 그려나가기 시작했다.

"책상, 냉장고 그리고 짐가방 두 개……."

박사님은 심각한 표정으로 내가 그린 그림을 바라보며 할 말을 찾는 듯했다. 그러고는 잠시 뒤, 쉴 새 없이 질문을 쏟아내기 시작했다.

"이불은 어디에 있나요? 베개는요? 옷이나 그릇, 살림살이들은 어디에 있죠? 음식은 만들어 먹을 수 있나요?"

나는 그저 고개를 가로젓기만 했다. 나에게는 아무 의미도 필요도 없는 것들일 뿐인데……. 의문에 가득 찬 박사님의 표정을 보고 나는 대답했다.

"힘들 때면 절이나 성당을 찾아가곤 했어요. 그리고 스님이나 신부님이 생활하시는 모습을 보며 여러 가지를 깨달았어요. 물질에 대한 욕망을 버리는 것도 그 깨달음 중 하나였어요."

박사님은 고개를 끄덕이며 말했다.

"스스로 고행을 하고 계셨군요. 혹시 출가까지 진지하게 생각하셨나요?"

"그런 적도 있었어요. 하지만 제가 너무 게으르고 그럴 만한 자격이 없는 것 같아서 포기했어요."

"온몸이 아프고, 목과 등이 뻣뻣해서 침을 맞거나 물리치료를 받기도 한다는 말씀을 하신 적이 있어요. 그렇죠? 그래서 항상 컨디션이 좋지 않다고도 하셨지요. 이제 그 원인을 찾았네요."

"원인을 찾다니요?"

내 물음에 답하는 대신, 박사님은 단호하게 이야기를 계속했다.

"오늘 반드시 하셔야 할 일이 있어요. 마트에 가서 가장 푹신한 이불과 베개를 사세요. 물과 좋아하는 음식, 기분 좋은 향이 나는 향초나 차도요. 내일로 미루지 말고 오늘 집으로 가는 길에 당장 사셔야 합니다."

"하지만……. 돈이 없어요."

나는 더듬더듬 대답했다. 괜히 얼굴이 화끈거리는 것 같았다.

"너무 과하다 싶을 정도로 일을 열심히 하시잖아요? 그동안 저축을 하지 않았나요?"

"저축을 하다가도 주변 누군가가 돈이 필요하다고 하면 줘버리곤 했거든요. 지난달에는 가지고 있던 돈을 엄마한테 다 줬어요. 병원비랑 생활비가 필요하다고 하셔서……. 전 돈이 별로 필요가 없거든요. 중요하지도 않고요."

박사님은 또다시 안타까운 눈으로 나를 바라보았다.

"누군가를 위해 자신의 것을 내어주고 희생하는 마음은 참으로 존경할 만하다고 생각해요. 마치 고행의 길을 가는 종교인의 삶과도 비슷해 보입니다. 불교에서는 이런 마음을 무소유라고 하지요. 하지만 진정 타인을 위한 마음으로 그렇게 살아온 것일까요? 혹시 스스로를 괴롭히고 있다는 생각은 해본 적 없나요?"

뜨끔했다. 사실이었다. 불교 법문이나 성경을 통해 욕심을 버리고 물질적인 것보다는 정신적인 것을 추구하는 삶에 눈을 뜬 것은 맞지만, 삶을 편안하게 해주는 물건들이나 돈에 관심을 끊고 타인에게 줘버리는 내 행동이 남을 위한 희생만은 아니었다는 사실을 나는 이미 알고 있었다.

"종교적 해탈, 타인을 위한 고행과 자학적 행동은 다른 것입니다."

박사님의 지적이 내 마음을 콕콕 찔러댔다. 하지만 이상하게도 기분이 나쁘지 않았다.

"뭔가를 이루려고 할 때마다 다 빼앗겼어요."

나는 울먹이며 겨우겨우 말을 이어갔다.

"전 제 걸 가져본 적이 거의 없어요. 어린 시절에는 아빠를 피해 도망다니느라 제대로 된 집에서 살아본 적이 없었어요. 겨우 세 식구가 집을 얻고 난 뒤부터는 언제나 엄마의 비난에 시달렸고요. 이렇게 힘들게 살게 된 건 다 내 탓이라고, 엄마는 항상 말씀하셨어요. 내가 대학에 들어갔을 때도 엄마는 못마땅하게 생각하셨어요. 돈이나 벌지 대학은 왜 가느냐고요. 돈을 벌게 되어 용돈을 드렸더니 뭐라고 하신 줄 아세요? 월급을 몽땅 내놓으라고 했어요."

"그러다보니 엄마뿐 아니라 타인에게 자신의 것을 내주는 걸 당연하게 생각하게 되었군요? 하지만 그건 나눔이 아니에요. 착취, 강탈이죠."

박사님의 날카로운 말에 나는 왠지 모를 통쾌함을 느꼈다.

"남에게 무조건 희생하는 일, 따뜻한 이불도 없이 잠을 자는 일, 제대로 된 음식을 먹지 않는 일……. 이 모든 행동이 스스로를 힘들게 하고 파괴하고 있어요. '자기 파괴적 행동'이지요. 자신을 먼저 보살피고, 자기 파괴적 행동에서 벗어나는 것을 첫 번째 DBT 치료 목표로 삼아야 할 것 같아요."

그날 이후 박사님은 다양한 숙제를 내주었다. 맛있는 아이스크림 사 먹기, 나를 위해 예금통장 만들기, 엄마에게 돈을 보내지 않기, 돈을 보내달라고 전화가 오면 분명하게 거절하기, 친구에게 빌려준 돈 돌려받기…….

예전에는 상상조차 하지 못했던 일들을 나는 조금씩 경험하기 시작했다. 그리고 신기하게도 내 몸은 조금씩 나아져갔다. 푹신한 이불과 베개가 이렇게도 좋은 것이었다니……. 나는 여러 가지 숙제를 통해 그동안 나 자신을 얼마나 방치해왔는지 새삼스레 깨달아갔다. 그리고 내 삶이 안락해질수록, 스스로를 보살피는 일이 얼마나 행복한 것인지를 평생 처음 느낄 수 있었다.

유기견 보호소에서 쫑이를 데려온 지 두 달이 지났다. 강아지를 키우고 싶다는 말을 꺼내자, 박사님은 당황한 듯 나를 바라보더니 이렇게 물었다.

"왜 그런 생각을 했죠? 생명을 키우는 일은 신중히 생각하고 결정해야 해요."

"갑자기 깨달았어요. 언제나 강아지를 키우고 싶었거든요. 하지만 자신이 없었어요. 생명을 책임질 자신이……. 하지만 이젠 책임을 져 보려고요. 그 책임이 저에겐 가장 즐거운 활동일 것 같아요."

쫑이를 보자마자 언젠가 길거리 옷가게 앞에서 보았던 흰 강아지가 떠올랐다.

'걱정 마. 이젠 내가 잘 보살펴줄게.'

쫑이와 함께 살게 된 뒤부터, 규칙적인 생활은 훨씬 견디기 쉬운 숙제가 되었다. 쫑이는 새벽같이 내게 달려와 얼굴을 핥으며 나를 깨웠다. 쫑이가 건강하게 잘 자라도록 밥을 챙겨주고 산책을 시키다보니, 나도 모르게 건강한 생활 습관에 익숙해지게 되었다.

"너, 많이 달라졌어. 특히 쫑이 오고 난 뒤부터는 완전히 다른 사람 같아. 클리닉에 다니길 정말 잘했어."

유정은 나와 쫑이를 챙기러 가끔 집에 들를 때마다 이런 말을 한다. 나도 알고 있다. 쫑이와 박사님이 나를 변화시켰다는 것을. 하지만 죽음의 그림자는 지금도 가끔씩 나타나 나를 섬뜩하게 한다. 가끔 말썽 부리는 쫑이를 혼낼 때, 나는 내 모습에서 엄마의 모습을 본다.

"자꾸 말썽 부릴래? 내가 널 왜 데려와서 이 고생을 하는지……."

문득, 이런 말이 나도 모르게 입에서 튀어나오면, 나는 스스로가 견딜 수 없이 싫고 무섭다.

'나도 엄마처럼 될까? 쫑이에게 상처를 주게 될까?'

그럼에도 언제나 나를 보며 꼬리를 흔드는 쫑이의 모습에서 나는 어린 시절 내 모습을 본다. 언제나 엄마의 따뜻한 품을 갈구했던 어리고 슬펐던 내 모습을.

쫑이를 데려온 뒤, 한 번도 엄마에게 가지 않았다. 다녀가라는 엄마의 문자가 몇 번 왔지만, 바쁘다는 핑계를 대고 가지 않았다.

'엄마에게 한번 가야 하는데…….'

엄마와의 마지막 통화를 떠올려보았다. 생활비를 좀 보내라는 명령조의 말에 박사님과의 약속을 떠올리며 안 된다고 단호하게 거절했던 것이 마지막이었다. 엄마를 다시 만나, 내 속의 이야기를 쏟아낼 수 있다면, 등에 짊어진 죽음의 그림자도 내려놓을 수 있을 것이다.

쿵쿵쿵, 쿵쿵!

"엄마, 문 열어! 엄마, 엄마!"

불과 30분 전이었다. 엄마와 통화한 지. 하지만 엄마 집 현관문은 굳게 잠겨 있다.

도서관에 갔다가 왠지 용기가 나서 엄마에게 전화를 걸었다. 어쩌면 엄마가 돈을 요구할 수도 있지만 단호하게 거절해야 한다고 굳게 마음을 다잡고 통화 버튼을 눌렀다.

"엄마."

"왜, 무슨 일 있니?"

"아니, 그냥 잠깐 갈게."

"그래, 다녀가라."

엄마 목소리는 여전히 차갑고 메말라 있었는데, 그 속에서 알 수 없는 불안함이 느껴졌다. 나는 갑자기 가슴이 두근거렸다. 엄마가 사는 낡은 아파트에 도착하자마자 나는 계단을 뛰어올라 현관문을 잡아당겼다.

하지만 언제나 무심히 열려 있던 그 문은 굳게 잠겨 있었다.

'어디 가셨나?'

이상한 느낌이었다. 불안함에 나는 문을 세게 흔들면서 엄마를 불렀다.

"엄마, 엄마!"

머릿속에서 약봉지를 옆에 두고 힘없이 누워, 마지막 숨을 몰아쉬고 있는 엄마의 모습이 그려졌다. 나는 얼른 심호흡을 했다.

그때, 뒤에서 계단을 오르는 발소리가 들리더니 거칠고 차가운 손이 현관문 손잡이를 꼭 쥔 내 손을 붙잡았다.

"뭐 하니?"

"아, 엄마!"

엄마의 다른 한 손에는 검정 비닐봉지가 들려 있었다.

"귤 사러 갔다 왔다. 뭘 그리 놀라?"

"엄마……."

순식간에 긴장감이 탁 풀리며 나는 허둥지둥 문손잡이를 놓았다. 오랜만에 엄마를 보니 괜히 눈물이 왈칵 차올랐다. 그 모습을 보고 엄마는 혀를 끌끌 차며 말했다.

"이것아……. 내 죄지, 내 죄다. 어서 들어가."

엄마는 내 손을 잡더니 나를 끌어 안으로 데려갔다.

"이것아, 이제는 맥 놓지 말고 정신 차리고 살아. 응?"

"엄마 때문에 놀랐잖아. 나 금방 올 텐데 왜 밖엘 나가고 그래? 귤 먹고 싶으면 나한테 사오라고 하지."

"집에 먹을 게 없어서, 네가 귤이라도 먹으려나 싶어 사왔지."

엄마는 내 눈을 피해 고개를 돌리더니 대신 귤을 봉지에서 꺼내 내밀었다.

"휴, 내가 배운 것도 없고 아무것도 모른 채 너를 낳아서……. 다 내 죄다. 네가 그렇게 넋이 빠진 거, 다 내 죄야."

"갑자기 그게 무슨 말이야……."

"네가 이번에 마음을 아주 독하게 먹었나보더라. 이 어미가 살았는지 죽었는지 관심도 없지? 그래, 난 나대로 잘 살 테니 너도 혼자서 어디 잘 살아봐."

엄마는 그동안의 서운함을 한 번에 쏟아내듯 모진 말을 뱉어냈다.

"엄마, 나 이제 잘 살아. 치료도 열심히 받고, 이제 자살 생각 잘 안해. 강아지도 키우고……."

"그래, 잘했다."

엄마는 끄응 하고 일어서더니 또 냉장고를 뒤적거리기 시작했다.

"지난번에 준 마늘장아찌 다 먹었나 모르겠네. 또 담갔는데, 먹고 싶으면 가져가. 엄마는 이제 해줄 게 별로 없어……."

"응, 장아찌 진짜 맛있더라. 또 줘."

나는 밖으로 내뱉지 못할 말들을 속으로 주워 삼키며 바닥에 앉아 엄마를 바라보았다. 문득, 엄마에게 무언가를 달라고 요구한 것이 처음이라는 걸 깨달았다.

우리는 친구처럼 다정한 모녀 사이는 되지 못할 것이다. 박사님의 말이 떠올랐다. 모든 관계는 공평해야 한다는 말이. 그 공평함이 엄마와 나 사이에 자리 잡고 나면, 그때는 조금 편안해지지 않을까.

밖에 나오자 저녁 햇살이 아직도 조금 남아 있다. 나는 집으로 돌아가는 발걸음을 재촉했다. 쫑이가 아늑한 집에서 나를 기다리고 있을 것이다.

다섯 번째 방

상상 노출

4월 27일의 기록

"악몽에 시달려서 괴로워요."

"어떤 꿈이죠?"

"갑자기 누가 내 몸을 만지는 느낌이 드는 거예요. 피부 위로 손가락이 지나가요. 소름이 돋아요. 하지만 깜짝 놀라서 깨면 옆에 아무도 없어요."

"그렇군요. 악몽을 자주 꾸나요?"

"거의 매일 꿔요. 잠드는 게 무서워요."

"억지로 잠을 자려고 술을 마시거나 약물에 의존하기도 하나요?"

"……."

"괜찮아요. 천천히, 편안하게 얘기하세요. 밖으로 꺼내기 어려운 말도 안심하고 하셔도 됩니다. 이 방 안에서 나누는 대화는 미연씨 동의 없이는 어느 누구에게도 유출되지 않습니다."

"술을…… 매일 술을 마셔요. 그러지 않으면 잠을 잘 수가 없으니까요."

"악몽을 꾸는 것 말고 사건 뒤에 달라진 점이 또 있나요?"

"작년부터였던 것 같아요. 혼자 있는 게 무서워요. 특히 밤에는 누군가 방문을 벌컥 열어젖히고 들어올 것만 같아요. 그리고……."

"네, 계속해보세요."

"거울……. 거울을 볼 수가 없어요."

5월 4일의 기록

"사건을 겪은 후 어떻게 지냈는지 이야기해보세요."

"1년 정도는 아무 일 없었던 것처럼 지냈어요. 별일 아니야, 그냥 잊자……. 정말 잊어버린 것만 같았어요. 그런데 이제와 돌이켜 생각해보니 그때부터 조금씩 사람들과 멀어지기 시작했던 것 같아요. 특히 그 남자와 비슷한 인상의 남자들이 무서웠어요. 결국 남자들은 전부 멀리하기 시작했어요."

"네, 계속해보세요."

"그러다보니까……. 직장생활이 힘들어졌어요. 나도 모르게 사람들을 피하게 되고…….”

“작성해주신 서류에는 의류회사에 다녔다고 쓰셨는데요. 오래 다녔었나요? 회사를 다닐 때 상황을 이야기해주시겠어요?”

“네, 크고 오래된 의류회사였어요. 거기서는 다양한 사람들을 만나거나, 새로운 상품을 비교하고 결정하는 일이 많았어요. 저는 일을 좋아했어요. 사람 만나는 것도, 새로운 물건을 접하는 것도 다 제가 좋아하는 일이었거든요. 여행도 좋아하고……. 활달한 성격이었죠. 지금은 그렇지 않지만…….”

“그랬군요.”

“제 적성에 딱 맞는 일이라고 생각했었는데……. 하지만 그 사건을 겪은 뒤, 성격이 달라지기 시작했어요. 혼자 있고 싶고, 낯선 사람과는 잠시라도 함께 있고 싶지가 않았어요. 특히 남자들은 똑바로 쳐다보기 힘들 정도였어요. 눈빛이 흔들리는 걸 스스로도 느낄 정도였으니까요. 예전엔 그저 직장 동료였던 남자들까지도 왠지 두렵고 다가가기 싫은 존재로 느껴졌거든요.”

“그래서 직장생활이 힘들어졌군요?”

“네, 점점 견디기 힘들어졌죠. 사람들을 피하게 되니까요. 결국, 회사를 그만둘 수밖에 없었어요.”

“지금은 어때요?”

“남자가 무서워요. 남자는 믿을 수 없는 존재잖아요? 낯선 남자들은 특히요. 택시를 타면 택시 기사님들이 대부분 남자잖아요. 무서워서 못 탄 지 오래됐어요. 버스, 지하철도 타기가 무서워요. 낯선 사람들과 섞이게 되니까. 그러다보니 점점 밖에 안 나가게 돼요. 혼자 있어도 무섭고 사람들과 함께 있어도 두려워요."

"사건 전에는 어땠나요?"

"우울하거나 그런 적이 별로 없었어요. 늘 즐겁고, 친구들 만나서 신나게 노는 것도 좋아했어요. 그런데 요즘은 그냥 멍하게 하루를 보내요. 자꾸 뭔가 잊어버리고, 아무 의욕도 없어요. 두렵고, 숨고만 싶어요."

"왜 두렵죠?"

"그 남자가 절 찾아내서 죽일 거니까요. 어딘가로 숨어야 해요. 그 남자가 찾을 수 없는 곳으로……."

5월 11일의 기록

"오늘부터 미연씨 마음속의 상처, 즉 외상에 대한 기억을 떠올리겠습니다. 미연씨에게 어떤 일이 있었는지 떠올리면서 머릿속으로 다시 한번 그 사건을 겪어보는 거예요. 이것이 바로 상상 노출입니다. 자, 편안하게 눈을 감으세요. 편안한가요?"

"네."

"고통스러운 기억이지만 미연 씨가 생생하게 떠올릴 수 있도록 안내할 거예요. 무슨 일이 있었는지 자세하게 얘기해보세요. 떨쳐버리고 싶고 불편해도, 계속 그 장면을 떠올리려고 노력해야 해요. 잘할수 있겠어요?"

"네, 해볼게요."

"자, 그럼 시작할게요. 사건이 언제 일어났죠?"

"2년 전 여름에요."

"무슨 일이 있었어요?"

"호프집에서 대학 동창들이랑 술을 마시고 있었어요. 잠깐 혼자 나와서 바람을 쐬다가 화장실에 갔는데 거기서 그 일이 생겼어요."

"자세히 듣고 싶어요. 화장실에서 무슨 일이 있었죠?"

"처음에는 화장실에 아무도 없었어요. 손을 씻고 있는데 어떤 남자가 화장실로 갑자기 들어와서는 나를 밀어서 넘어뜨렸어요. 그러고는 나를 마구 때렸어요."

"그때 어떤 느낌이었나요?"

"무서웠어요. 소리를 질렀는데 아무도 오지 않았어요."

"그 다음에는 무슨 일이 있었죠?"

"남자가 나를 화장실 안으로 밀어넣고는 계속 때렸어요. 나는 계속 피하면서 같이 때렸어요. 그러다가 겨우 도망쳤어요."

"네, 잘했어요. 다시 처음으로 돌아가보죠. 눈을 감고, 처음보다 훨씬 더 자세하고 생생하게 얘기해보세요. 아무에게도 말하지 못했던 일들, 신체적인 반응, 감춰뒀던 감정까지 다 얘기해도 괜찮아요. 이곳은 아주 안전하고, 여기서 나눈 얘기는 철저하게 비밀이니 안심해요. 자, 다시 시작해볼까요?"

"오랜만에 친구들을 만나서 호프집에 갔어요. 밤 열한 시쯤 되었을 거예요. 답답해서 잠깐 밖에서 바람을 쐬다가 화장실에 들어갔어요. 손을 씻는데 갑자기 어떤 남자가 문을 열고 들이닥쳤어요. 나를 밀어서 넘어뜨리고는 막 때리기 시작했어요. 화장실 칸막이 안으로 나를 밀어넣었어요. 바지를 내리더니 내 옷을…… 벗기려고 했어요. 잘 안 되니까 내가 저항을 멈출 때까지 계속 때리고 또 때렸어요."

"그때 어떤 느낌이었어요?"

"무서웠어요."

"신체적으로는 어땠나요?"

"힘들고 아팠어요."

"무슨 생각이 들었죠?"

"모르겠어요. 1분이 한 시간 같았어요. 왜 아무도 오지 않을까? 도와줘, 구해줘, 그런 생각만 들었어요."

"그다음 장면으로 가보죠. 어떻게 도망쳤죠?"

"갑자기 화장실 칸막이 문이 열렸어요."

"계속해보세요."

"문이 열리는 소리에 남자가 정신을 차렸어요. 그러고는 황급히 도망가기 시작했어요. 저도 겨우 정신을 차리고 호프집으로 다시 들어가 친구들이 앉아 있는 테이블로 갔어요. 그런데 그 남자가 거기 있었어요. 우리 테이블 바로 옆 테이블에요."

"어떤 느낌이 들었죠?"

"이 남자가 처음부터 계획적으로 나를 따라 화장실에 왔구나 하는 생각이 들었어요."

"그래서 어떻게 했죠?"

"친구들에게 조용히 알렸어요. 방금 화장실에서 어떤 일을 당했는지, 그리고 범인이 누군인지를요. 그 남자는 너무나 태연하게 그 자리에 앉아 있었는데 내가 이야기를 시작하자 호프집에서 나갔어요. 제 친구들이 이야기를 듣고 그 남자를 쫓아 나갔지만 남자는 이미 사라지고 없었어요. 그래서 함께 있었던 남자의 친구들에게 따지기 시작했죠. 결국 패싸움이 났어요."

"계속해보세요."

"경찰이 왔어요. 남자의 친구들과 저, 제 친구들 모두 경찰서로 갔어요. 정말 하기 싫었지만 전 진술을 해야만 했어요. 그런데 남자의 친구들이 거짓말을 하는 거예요. 그 남자는 일찍 집으로 돌아갔다고, 저 여자가 거짓말을 하는 거라고, 제가 미친 거라고. 하지만 증거가 있었어요. 제 온몸에 멍이 들어 있었거든요. 결국 경찰이 그 남자를 경찰서로 불러들였어요. 잠시 뒤 남자가 왔어요. 그런데 누군가와 함께였어요."

"누구와 함께 왔나요?"

"아내요. 자기 아내를 데려왔어요. 말끔하게 옷을 다 갈아입고 아무 일도 없었다는 듯 자신을 왜 불렀냐는 거예요. 자기는 모르는 일이라고, 지금까지 아내랑 같이 있었다고……."

5월 18일의 기록

"1주일 동안 잘 지냈나요?"

"힘들었어요."

"왜 힘들었죠?"

"잊고 있었던 장면들이 자꾸만 떠올라요. 다 털어놓고 나면 마음이 편해질 줄 알았는데 괴롭기만 해요. 왜 이렇죠? 그만하고 싶어요."

"여기서 그만두면 아무것도 달라지지 않아요."

"하지만 박사님, 괴로운 순간을 계속 떠올리고, 또 떠올리고……. 이런다고 뭐가 달라질까요? 더 괴로워질 뿐인데요."

"우리는 괴롭거나 무서운 일을 겪으면 무조건 잊어버리려고 해요.

하지만 그런다고 정말 잊을 수 있을까요?"

"정말 잊겠다고 결심하면, 잊을 수 있어요."

"그랬다면 미연씨도 나를 찾아오지 않았겠죠? 그렇지 않나요?"

"……."

"자, 이렇게 상상해봅시다. 캠핑을 갔는데 텐트 밖에서 부스럭거리는 소리가 났어요. 무슨 소리일까요?"

"모르겠어요. 동물?"

"소리를 듣고 어떤 느낌이 들까요?"

"무서워서 떨릴 것 같아요."

"그래요. 그럼 계속 무서워하면서 떨겠어요, 아니면 몽둥이를 들고 밖으로 나가겠어요?"

"둘 다 위험할 것 같아요. 하지만 누군가 함께 있다면 좀더 안심이 되겠죠."

"그래도 둘 중 하나를 택하라면요?"

"누군가와 함께라면 몽둥이를 들고 나가보겠어요."

"나가서?"

"왜 그런 소리가 나는지 확인하겠어요."

"자, 나가봤더니 작은 다람쥐가 텐트 근처에 있었어요. 이제 기분이 어때요?"

"안심해요."

"문을 열고 확인하기. 그게 바로 지속노출이에요. 바로 지금 우리가 계속하려고 하는 것이죠."

"문을 열고 확인한다……."

"맞아요. 무슨 소리인지 확인하지 않고 계속 텐트 안에 있으면 더 불안해질 뿐이에요. 사실 불안감, 흥분은 실제 현실을 확인하지 않아서 생기는 거예요. 확인하면 해결 방법도 생길 텐데 그냥 회피하는 거죠. 확인하고 나면, 안심할 수 있어요. 실체를 아니까."

"그 실체가 상상했던 것보다 무섭지 않다면……?"

"두려움에서 완전히 벗어날 수 있겠죠."

5월 25일의 기록

"오늘은 사건이 일어난 시간 속으로 좀더 자세히 들어가보도록 할게요. 편안한가요?"

"네."

"지난주에는 어떤 장면들이 주로 떠올랐죠?"

"그 남자의 얼굴을 처음 봤을 때가 떠올랐어요."

"자세히 얘기해보시겠어요?"

"화장실 세면대에서 손을 씻고 있었어요. 고개를 들었는데 거울에……. 낯선 남자 얼굴이 비쳤어요. 그 얼굴……. 아주 날카로운 눈매였는데 눈빛이 뭔가에 홀린 듯 흐리멍덩했어요. 정신이 반쯤 나간 것 같은, 뭔가에 씐 것 같은 표정이었어요. 너무 무서웠어요. 맞아요. 그랬어요. 왜 이제야 이런 기억이 떠올랐을까요?"

"기억은 덩어리와 같거든요. 하나로 뭉쳐져 있다가 하나씩 하나씩 수면 위로 떠오르죠. 그러니까 지금은 기억의 덩어리를 하나하나 풀어가는 과정인 셈이에요. 보기 괴로워서 한 덩어리로 뭉쳐 밀어두었던 기억들을 하나하나 풀어서 보려니 얼마나 힘들겠어요? 괴로운 게 당연해요. 지금 무슨 생각이 드나요?"

"다 내 잘못이라는 생각이요. 내가 처음 거울에 비친 그 남자를 봤을 때 도망쳤다면 이런 일은 겪지 않았을 텐데, 내가 더 적극적으로 저항했다면 그렇게까지 심하게 얻어맞진 않았을 텐데……. 어쩌면 엄마 말이 맞는지도 몰라요. 밤늦은 시간에 돌아다녔으니 그런 일을 겪은 거예요."

"지금 돌아보면 후회되는 일이 있을 수도 있어요. 하지만 자세히 생각해보면 사실 그럴 수 밖에 없었던 이유들이 있었을 거예요. 그래도 결국 도망쳤잖아요? 그것만으로도 정말 대단한 일을 해내신 거예요. 도망쳤을 때의 일을 다시 생생하게 떠올려볼까요? 화장실 칸막이 문이 어떻게 열렸죠?"

"잘 생각이 안 나요."

"그럼 다시 첫 장면으로 돌아가볼게요. 거울에 비친 남자와 눈이 마주친 장면부터 다시 기억을 떠올려보세요."

"손을 씻는데 이상한 느낌이 들었어요. 고개를 들어 거울을 봤는데 낯선 남자 얼굴이 보였어요. 화장실 문 뒤에 숨어서 나를 보고 있었어요. 눈이 마주쳤어요. 그 순간이 너무 길게 느껴졌어요."

"그래서 어떻게 했죠?"

"침착하자, 별일 아니야, 이렇게 생각했어요. 다시 고개를 숙이고 손을 씻는데 갑자기 뒤에서 문을 열고 남자가 다가오는 소리가 들렸어요. 소리를 지르고 싶었지만 너무 놀라서 그대로 얼어붙어버렸어요. 남자가 나를 화장실 바닥으로 쓰러뜨렸어요. 그러고는 얼굴, 배 할 것 없이 마구잡이로 때리기 시작했어요."

"계속하세요. 그래서 어떻게 됐죠?"

"벌벌 떨면서 몸을 웅크리고 있는데 남자가 나를 화장실 칸막이 안으로 질질 끌고 가서는 변기에 앉혔어요. 정신이 번쩍 들었어요. 도망치지 않으면 여기서 무슨 일을 당할지 모르겠다는 생각이 들었거든요. 그래서 일어나 그 남자를 때리기 시작했어요. 제가 갑자기 반항하니까 남자가 한 손으로는 제 팔을 잡고 다른 손으론 제 바지를 벗기려고 했어요. 잘 안 되니까 자기 바지를 먼저 내렸어요. 계속 때렸어요. 맞고 또 맞고……. 너무 힘들었어요."

"구체적으로 뭐가 어떻게 힘들었는지 기억할 수 있겠어요?"

"변기에서 일어서려고 했는데 칸막이 안이 너무 좁아서 다리를 완전히 펼 수가 없었거든요. 남자가 제 앞에 서 있으니까요. 남자가 제 얼굴에 키스를 하려고 하고 몸을 만지려고 했는데, 그걸 피하느라고 몸을 뒤로 젖혔어요. 무릎을 구부린 채로 몸을 뒤로 젖히고 겨우 서 있었던 것 같아요. 맞아요, 다리가 너무 아프고 버티고 서 있기조차 힘들었어요."

"계속하세요."

"뜻대로 안 되자 남자가 제 목을 조르기 시작했어요. 어떻게든 도망가야겠다, 그러지 않으면 죽겠다는 생각이 들었어요."

"그래서 어떻게 했나요?"

"남자 등 뒤로 칸막이 문 걸쇠가 보였어요. 문을 열고 도망가야겠다고 생각했어요. 그래서 목을 조르는 남자의 등 뒤로 팔을 뻗어서 걸쇠를 풀려고 했는데 거기까지 손이 안 닿았어요. 닿을 때까지 계속 손을 뻗으면서 허우적거렸어요. 어느 순간 갑자기 탁 소리가 나면서 문이 열렸어요."

"그랬군요. 문이 그냥 열린 게 아니었어요. 미연씨가 스스로 열었던 거예요. 그렇죠?"

"네, 맞아요. 이제 기억났어요. 제가 문을 열었어요."

"지금 무슨 생각이 드나요?"

"그래도 할 수 있는 건 다 했구나 싶어요."

"그래요, 미연씨는 할 수 있는 건 다 했어요. 어쩌면 칸막이 안에서 성폭행을 당했을 수도 있고 최악의 경우 목이 졸려 죽을 수도 있었어요. 하지만 미연씨는 가만히 서 있기조차 힘든 자세로 끝까지 반항하고 스스로 문을 열고 도망을 쳤어요."

"네, 그랬어요."

"지금 기분은 어때요? 아까처럼 모든 게 다 자신의 잘못이라고 느끼나요?"

"아니에요, 저는……. 저는 최선을 다했어요."

6월 1일의 기록

"오늘은 미연씨의 기억 가운데 가장 고통스러운 순간으로 들어가 봅시다. 그 순간을 우리는 핫스팟(Hot Spot)이라고 해요. 핫스팟을 집중적으로 노출하면서 잘못된 기억을 바로잡고 공포를 떨쳐낼 수 있어요. 자, 마음을 편하게 먹고, 눈을 감으세요."

"네."

"편안한가요?"

"네, 편안해요."

"그래요, 남자가 미연씨의 목을 조르려 할 때를 떠올려봅시다. 미

연씨는 화장실 안에 있고 남자가 맞은편에 서 있어요. 어떤 일이 일어
났죠?"

"나를 계속 때렸어요. 마음대로 안 되니까 어떻게든 굴복시키려고
하는 것 같았어요. 그러면서도 내 얼굴에 키스를 하려고 해요. 나는
피하려고 얼굴을 뒤로 젖히고 계속 팔을 휘저으면서 반항했어요."

"네, 잘하고 있어요. 지금 많이 힘든가요?"

"아뇨, 괜찮아요. 계속할 수 있어요."

"미연씨가 계속 반항을 하니까 남자가 어떻게 했죠?"

"제 목을 졸랐어요."

"그 상황을 좀더 생생하고 구체적으로 얘기해볼 수 있겠어요?"

"남자가, 아…… 맞아요, 남자가 넋이 나간 눈빛으로 나를 보며 이
렇게 속삭였어요. '가만히 있어. 너도 좋잖아?'"

"어떤 상황에서 남자가 미연씨에게 그렇게 말하던가요?"

"목을 조르기 직전이었어요. 제가 계속 때리고 반항하니까 남자가
제 얼굴을 잡더니 귓가에 대고 그렇게 속삭였어요. 그런데 그 목소리
가 정말……."

"목소리가 어땠죠?"

"친절하고…… 다정했어요. 다정하게 느껴졌어요. 그래서 순간 온
몸에 힘이 빠지면서 무기력해졌어요. 그래서 목이 졸린 거예요. 왜 그
런 느낌을 받았는지 모르겠어요. 그렇게 쉽게 무너지다니……. 저 자

신을 용서할 수가 없어요."

"무장해제가 되는 느낌이었나요?"

"네, 맞아요. 순간적으로 멍해졌어요. 그러자 남자는 제 목을 조르기 시작했어요. 제가 순간 멍해졌다는 걸 눈치채고요. 바보처럼 그따위 말에 허물어지다니……. 제 잘못이에요."

"미연씨, 그건 미연씨 잘못이 아니라 그 남자가 악랄한 거예요. 예를 들어볼게요. 강도는 보통 아주 무섭고 사납잖아요? 그런데 사납게 날뛰던 강도가 갑자기 다가와서 미연씨에게 다정하게 말을 겁니다. 자, 어떤 기분이 들까요?"

"어……. 당황스러울 것 같아요."

"그래요. 당황스럽고, 어색하고, 무슨 일인지 상황을 파악하느라 멍해지죠. 누구라도 마찬가지일 거예요. 남자는 귓속말로 마치 남자 친구처럼 다정하게 속삭였어요. 하지만 그때 상황은 어땠죠? 미연씨에게 폭력을 휘두르고 있었어요. 이 함께할 수 없는 두 가지 상황이 같이 벌어지다보니 미연씨는 순간 당황하고 갈등하게 된 거예요. 그 남자는 미연씨의 마음을 약하게 만든 다음 그걸 이용했어요."

"네, 당황스러웠던 것 같아요. 나를 마구 때리면서 이렇게 다정하게 말하다니 정말 이상하다는 생각이 들었어요."

"인간의 미묘한, 취약한 마음 상태를 착취하는 것은 사이코패스의 기질이기도 해요."

"그 남자는 사이코패스가 분명해요."

"그래요, 그럴 수도 있어요. 하지만 중요한 건 그게 아니에요."

"그럼 뭐죠?"

"미연씨는 그 남자를 받아들인 적이 없다는 것, 이 모든 일은 미연씨 잘못이 아니라는 것, 그게 중요해요."

6월 8일의 기록

"사건 후 처음으로 혼자서 택시를 탔어요."

"어땠나요?"

"무서웠어요."

"왜 무서웠죠? 분명 이유가 있었을 거예요."

"음, 기사님이 무섭게 느껴졌어요. 다시는 타고 싶지 않아요."

"기사님이 왜 무서웠어요?"

"무섭게 생겼어요."

"어떻게요?"

"눈매가 날카로웠어요. 그 남자처럼요."

"그랬군요. 정말 무서웠겠어요. 그런데 기사님이 실제로는 어떻게 행동했나요?"

"어디로 가냐고 물어보면서 백미러로 힐끔힐끔 나를 쳐다봤어요. 가슴이 막 두근거리고 기분이 나빴어요. 당장 내리고 싶었지만, 꾹 참고 조금 더 가서 내렸어요."

"그래요, 기사님이 눈매가 좀 날카롭고 미연씨를 힐끔거리긴 했지만 결과적으로는 아무 일도 없었네요?"

"네, 그렇긴 해요."

"기사님이 백미러로 힐끔거리는 게 왜 기분이 나빴을까요?"

"마치 나를 살피고 이상하게 바라보는 것 같았거든요."

"자, 이제 미연씨가 기사님 입장이 되어 한번 생각해볼까요? 택시에 손님을 태웠어요. 그리고 행선지를 물어보려는데 어떻게 할까요? 운전을 하면서 고개를 뒤로 돌려 확인할까요?"

"아, 백미러로 힐끔 보겠네요. 맞아요. 그럴 거예요."

"이렇게 생각하니 어때요? 아까처럼 무섭고 두렵나요?"

"아니요, 이제 괜찮아요. 두려움이 많이 사라졌어요."

"그래요, 잘했어요. 사실 택시를 탄 뒤 미연씨는 기사님에게만 신경을 썼어요. 그렇죠? 다음에는 이렇게 해보는 게 어때요? 시트의 감촉을 느껴보고, 창밖으로 스쳐 가는 주변 풍경도 보고요. 택시 안에서 어떤 냄새가 나는지, 광고 같은 건 안 붙어 있는지, 택시 안팎 풍경에 집중해보는 거예요. 그러다보면 택시 타는 일이 한결 편안해질 거예요. 그렇게 택시도 타고, 지하철도 타고, 버스도 타다보면 낯선 남자를 만나는 일도 할 수 있게 돼요."

"하지만 남자는 믿을 수 없어요. 낯선 사람이든 아니든 남자들과는 만나고 싶지도 않고 관계를 맺고 싶지도 않아요."

"미연씨, 남자를 믿을 수 없다고 몇 주 전에도 얘기한 적 있어요. 그렇죠? 왜 그런 생각을 하게 됐을까요?"

"남자는……. 남자들은 여자를 속이니까요. 거짓말을 하는데 바보처럼 속아넘어가라고요?"

"사건 전에도 남자에 대해 그렇게 생각했나요?"

"그건 아니에요, 그 사건을 겪은 뒤에 남자에 대해 제대로 알게 된 거죠."

"어떻게요?"

"그 남자의 아내, 정말 예쁘고 똑똑해 보이는 여자였어요. 그런데 그 여자가 경찰서에서 그랬어요. 남편은 두 시간 전부터 자신과 함께 있었다고, 저 여자가 미쳤다고."

6월 15일의 기록

"요즘도 그 남자가 미연씨를 찾아내 죽일 거라고 생각하나요?"

"네, 무섭고 두려워요."

"왜 그런 생각이 들죠?"

"사건이 밝혀지고 나서 그 남자는 가진 걸 다 잃었어요. 은행에서도 쫓겨났고, 다시 은행권에 발을 들이기도 힘들어졌다고 들었어요. 그러니까 저를 찾아내서 복수하겠죠. 게다가 법정에서 그 남자 가족이 제 얼굴을 봤다고요. 못 찾을 리가 없어요."

"그 남자는 지금 어디 있죠?"

"감옥에요."

"감옥에 있다면 지금 당장 찾아와서 복수할 거라는 걱정은 안 해도 될 것 같은데요?"

"하지만 출소하면 그땐 어떡해요? 지금도 누군가를 시켜 절 미행하고 있을지도 몰라요."

"그래요, 어쩌면 그 남자는 감옥 안에서 미연씨에게 복수하고 싶다고 생각하고 있을지도 몰라요. 하지만 분명한 건 지금 그 남자는 감옥에 있고 미연씨에게 아무런 짓도 할 수 없다는 거예요. 그렇죠?"

"네, 맞아요."

"그 남자가 미연씨에게 보복할 수 있는 기회는 많았어요. 사건이 일어나고 남자가 감옥에 갇힐 때까지 1년이라는 시간이 있었어요. 원했다면 그때 보복을 했겠죠. 지금은 감옥에 갇혀 있고 출소하려면 몇 년이 걸려요. 그사이에 많은 변화가 있을 거예요. 그 남자 마음도 지금과는 다를 거고 미연씨의 상황 역시 마찬가지예요. 원한다면 이사를 갈 수도 있고 다른 나라에 가서 살 수도 있어요. 그건 미연씨 자유예요. 하지만 이렇게 생각해보세요. 몇 년 뒤까지 피해자를 추적할 만큼 집요하고 철저한 사람이라면 잡혀서 감옥에 가지도 않았을 거예요. 그렇지 않나요?"

"그건 그렇지만……. 잘 모르겠어요."

"보통 사이코패스나 가해자 들은 피해자가 자신이 당한 일을 숨기고 법적 조치를 취하지 않을 수록, 피해자의 두려움을 이용해서 가해를 계속해요. 하지만 공개적으로 다 알려진 뒤, 특히 법적 처벌까지 받은 상태에서는 그들도 보복하기 어렵지요. 자신의 신분이 다 드러났으니까요. 미연씨를 폭행하고 성폭행까지 시도했던 그 남자가 누구인지 이미 많은 사람들이 알고 있어요. 그러니 출소한 뒤라 해도 그 남자가 쉽게 미연씨에게 접근할 수는 없을 거예요. 좀 안심이 되나요? 어때요?"

6월 30일의 기록

"미연씨, 경과가 아주 좋아요. 지금까지 잘해오고 있어요. 요즘 기분이 어때요?"

"하루는 기운이 났다가, 하루는 또 급격하게 우울해졌다가 해요.

하지만 답답했던 가슴이 뻥 뚫린 것 같아서 홀가분해요. 조금씩 더 좋아질 거라는 기대도 생기고요."

"그래요, 지금까지는 상상 노출을 통해서 미연씨가 그간 보지 않으려 했던 기억들을 모두 끄집어냈어요. 그리고 그 기억들을 조금씩 더 자세하게 들여다보게 해서 지속적으로 외상에 노출을 시켰어요. 지속노출을 통해서 아마 미연씨 마음은 자신도 모르게 단단해지고 건강해졌을 거예요. 그래서 홀가분한 느낌, 기대감 같은 게 생겼을 테고요. 이제는 사건을 떠올릴 때도 두려움이 훨씬 줄어들었을 거예요."

"네, 맞아요. 잔상처럼 남아 있던 기억들이 모두 하나로 이어지면서 두려움도 훨씬 줄어들었어요. 내가 어떤 일을 겪었는지 자세히 곱씹고 나니까 그래도 이렇게 살아남은 것 자체로 나 자신이 자랑스럽고 대견하게 느껴져요."

"맞아요. 용감하게 맞서서 자신을 지켰잖아요? 하지만 상상 노출로 모든 기억을 끄집어내기 전까지, 미연씨는 스스로를 자책하고 원망한 적도 많았을 거예요."

"네, 그때는 모든 게 다 제 잘못이라고 생각했으니까요. 내가 화장실을 가지 않았다면, 남자가 다가왔을 때 더 적극적으로 대응했다면, 바보처럼 칸막이 안으로 끌려들어가지 않았다면……. 그런 후회와 죄책감이 계속 저를 괴롭혔어요. 하지만 모든 기억을 다 떠올리고 나서는 생각이 바뀌었어요. 난 최선을 다했다고 생각해요."

"그래요, 하지만 아직도 여전히 공포가 남아 있을 거예요. 문득문득 두렵거나 무서울 때 없나요?"

"있어요. 혼자서 골목을 걸어갈 때 맞은편에서 남자가 오면 움직이지 못할 정도로 겁이 나요. 낯선 사람이 다가올 때도 지나치게 경계하게 되고요. 아, 그리고……."

"그리고?"

"밖에서는 화장실을 못 가겠어요. 화장실이라는 장소를 생각만 해도 소름이 끼쳐요."

"아마도 사건을 겪은 곳이 공중화장실이었기 때문일 거예요. 혹시 사건이 벌어진 그 화장실에 다시 간 적 있나요?"

"아니요."

"자, 그럼 오늘부터 새로운 숙제를 하나씩 해보죠."

"숙제요?"

"그래요, 이제 '실제상황노출'을 시도해볼 거예요. 먼저 미연씨가 느끼는 두려움을 '주관적 불편감 지수'로 수치화할 거예요. 그런 다음 두려움을 하나씩 해결해나가는 거죠."

"두려움을 수치화한다고요?"

"맞아요, 어떤 일을 어느 정도로 두려워하는지 알고 나면 두려움을 극복할 수 있어요. 자, 혼자 골목을 걸어가다 남자를 만나는 일, 낯선 사람과 가까워지는 일, 공중화장실에 가는 일이 두렵다고 했죠? 그

가운데 가장 두려운 일부터 순서대로 얘기해보겠어요?"

"화장실 가는 거요."

"그럼 그 두려움을 수치화한다면 얼마일까요? 100을 최대치로 봤을 때요."

"90?"

"좋아요, 그럼 화장실 가는 것 다음으로 두려운 일은 뭐죠?"

"음……. 골목에서 남자와 마주치는 일이에요. 수치는 70 정도 될 것 같아요."

"좋아요. 그럼 낯선 사람이 다가오는 일은 두려움의 수치가 얼마 정도 되죠?"

"글쎄요, 50 정도?"

"그럼 이제 가장 쉬운 일부터 하나씩 극복해봅시다. 숙제를 내줄게요. 길을 가다가 낯선 사람에게 다가가 길을 물어보세요. 한번 해보고 자신감이 생기면 여러 번 해도 좋아요. 어때요, 다음 시간까지 할 수 있겠어요?"

"잘 모르겠어요."

"지난번 혼자 택시를 탔을 때 기억나요? 아주 무서운 경험이었지만 클리닉에서 나와 함께 이야기를 나누면서 두려움이 많이 사라졌다고 했어요."

"네, 그랬어요."

"그때처럼 두려운 일을 하나씩 경험한 다음 클리닉에서 나와 함께 그 경험을 나누는 거예요. 숙제를 하면서 기분이 어떻게 달라지는지, 두려움의 수치는 어떻게 변하는지 함께 살펴볼 거예요. 두려움이 점점 사라질 때까지. 사건이 일어났던 화장실에 다시 가보는 것이 마지막 숙제이지요."

"알았어요, 박사님. 한번 해볼게요."

"그래요, 그렇게 용기를 냈다면 벌써 숙제를 시작한 것과 마찬가지예요. 다음 시간이 기대가 되는군요."

7월 30일의 기록

"드디어 사건이 벌어졌던 화장실에 갔다 왔어요."

"결국 마지막 숙제까지 해냈군요! 잘하셨어요. 혼자 갔나요?"

"친구와 함께요."

"느낌이 어땠어요?"

"들어가기 전에는 내가 잘 버틸 수 있을까 걱정이 많이 됐어요. 지난번에도 가보려고 했었는데 결국 들어가지 못했잖아요. 그런데 막상 들어가보니까 걱정했던 것보다는 괜찮았어요."

"조금 더 구체적으로 설명해주시겠어요?"

"처음엔 긴장되고 떨리고 무서웠어요. 그래도 10분 정도 참고 버티니까 조금씩 두려움이 사라졌어요."

"버틸 때 무슨 생각을 했죠?"

"친구가 옆에 같이 있으니까 혹시 위험한 상황이 생기더라도 괜찮다고요."

"막상 경험을 하고 나니 걱정했던 것보다는 괜찮았다고 했는데, 그 이유가 뭘까요?"

"들어가기 전에는 비슷한 일이 또 생길 수도 있다는 두려움이 컸어요. 또 사건이 생생하게 기억이 나면 괴로울 것 같아 걱정도 됐어요. 일단 화장실에 들어가 손을 씻는 척하면서, 그때 남자가 나를 노려보았던 그 거울을 바라보았죠. 가슴이 좀 두근거렸어요. 그때, 화장실에 한 여자가 들어왔어요. 친구랑 통화를 하는 것 같았는데, 즐거운 표정으로 수다를 떨고 있었어요. '그래, 화장실은 겁나는 곳이 아니야' 하는 생각이 들면서 점차 마음이 가라앉았어요. 나도 예전엔 아무렇지도 않게 이런 곳을 들락거렸지, 하는 생각도 들었고요."

"공중화장실도 다니면서 평범하게 살았던 기억이 났군요?"

"네, 화장실은 그냥 평범한 장소일 뿐이라는 사실을 이제야 다시 알게 됐어요."

"처음 화장실에 들어섰을 때 두려움의 수치는 얼마 정도였죠?"

"90 정도였다고 봐요. 발을 떼기가 무서울 정도였으니까요."

"그런데 그 두려움이 서서히 줄어들었군요?"

"네, 10분 정도 버티고 나니까 50 정도까지 내려간 것 같았어요. 낯선 사람과 처음 길에서 대화를 했을 때 정도의 두려움이요. 친구가 옆에서 말을 계속 걸어주고, 사람들도 왔다갔다 하는 걸 보니 점점 안정되기 시작했어요. 수치가 20, 30까지도 내려갔던 것 같아요."

"그 뒤에 거울을 봤는데, 그땐 어땠나요? 가슴이 두근거렸다고 적었는데요."

"그때 수치가 다시 올라갔어요. 50, 60까지⋯⋯. 그 남자의 눈빛이 떠올라서요. 하지만 거울에 비친 다른 사람들의 모습을 보고, 손을 씻으면서 물의 느낌과 비누 냄새에 집중했어요. 그랬더니 수치가 조금씩 낮아지는 게 느껴졌어요. 다시 50 이하로 떨어졌어요."

"그래요, 정말 잘했어요. 마지막 숙제를 마친 소감이 어때요?"

"자신감이 생긴 것 같아요. 지난 2년 동안, '무서워' '두려워' '못하겠어' 하는 생각에만 둘러싸여 살았는데, 이제 '할 수 있어' '아무것도 아니야', 이런 마음도 먹을 수 있게 됐어요."

"그동안 미연씨는 두렵다는 생각에만 사로잡혀서 아무것도 못하고 아무데도 가지 못한 채 살았어요. 그러다보니 평범한 일상의 장소조차 두려운 곳으로 마음속에 자리 잡았던 거예요. 이제는 날개를 펴고, 세상으로 더 나가봐요. 미연씨는 할 수 있어요."

"한 발짝, 한 발짝, 앞으로 나가고 있다는 생각은 들어요. 하지만 여전히 미래가 암담하게 느껴져요. 앞으로 뭘 하면서 살 수 있을까 생각하면 불안하고 우울해지고…….”

“그래서 앞날에 대한 진지한 고민은 자꾸 다음으로 미루게 되고……. 맞죠?”

“네, 겁이 나서 잊으려고만 해요. 제가 겪은 끔찍한 사건을 기억 깊숙이 밀어두고 잊어버리려고 했던 것처럼요.”

“그게 바로 회피예요. 지금까지는 생각과 기억에만 의존해왔어요. 무섭다는 생각, 두려운 기억에 사로잡힌 채, 자신의 현실, 꿈, 건강, 심지어 자기 마음까지 모두 모른 체하며 회피했어요. 결국 오랫동안 많은 것들을 한꺼번에 잃어버렸죠.”

“예전의 제가 기억나요. 외향적이고 활기찬 사람이었어요. 그런데 지금의 나는 우울하고 음침해요. 왜 이렇게 됐을까요? 달라지고 싶어요. 예전의 내 모습을 다시 찾고 싶어요.”

“이제는 달라질 수 있어요. 과거는 과거일 뿐이에요.”

마지막 기록

“요즘도 밤마다 악몽을 꾸나요?”

“아, 꿈이요? 그래요, 처음 클리닉을 찾아왔을 때만 해도 악몽에 시달리느라 잠을 잘 못 잤는데……. 그때에 비하면 지금은 정말 좋아졌어요. 가끔 자다가 깨서 가슴이 두근거릴 때가 있지만 그래도 이젠 잠드는 게 두렵진 않아요."

"몇 달 전의 자신과 지금의 자신을 비교해볼까요? 어떤 점이 가장 많이 달라졌죠?"

"먼저, 술을 끊었어요! 사람들에게 자랑하고 싶을 정도로 뿌듯해요. 그리고 다시 회사에 다니려고 해요. 여기저기 자리가 있는지 알아보고 있어요."

"아주 큰 변화인데요? 그런 용기를 내다니, 치료자로서 정말 뿌듯합니다."

"네, 저도 이런 날이 이렇게 빨리 올 줄 몰랐어요. 회사를 그만두고 클리닉에 찾아왔을 때만 해도 다시 사회생활을 하고 사람들과 어울릴 날이 오리라고는 생각도 못 했거든요."

"네, 대부분의 사람들이 그래서 우울감에 빠져들어요. 사실, 변하지 않는 건 없어요. 사랑도 변한다고 하잖아요? 자연으로 눈을 돌리면, 날씨도, 나무도, 바람도 시시각각으로 변하죠. 사람도 마찬가지예요. 늘 제자리인 것 같지만, 문득 돌이켜 생각해보면 뭔가 변해 있어요. 우울한 감정도 언젠가는 사라져요. 하지만 사라지지 않을 거라는 그 생각이 우울감을 내 안에 머무르도록 잡아두지요."

"네, 하지만 그때는 정말……. 끝이 보이지 않았다고 할까요? 깜깜한 어둠 속에 혼자 남겨진 느낌이었어요."

　"이제 길을 찾았네요, 그렇죠?"

　"네, 그런 것 같아요."

　"그럼 이제 새로운 길에 한 발짝 발을 디뎌보세요. 앞으로의 삶은 지금까지와는 다를 거예요."

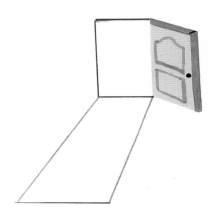

여섯 번째 방
....
예쁜 여자

오전 10시, 식빵 한 조각, 사과 반 개. 총 150칼로리
오후 12시, 스타벅스 카페라테. 총 180칼로리
오후 3시 30분, 샐러드(드레싱 없이). 총 150칼로리
오후 5시, 김밥, 떡볶이, 순대 조금씩. 총 200칼로리

밤 열 시, 다이어트 일기를 쓰다가 참지 못하고 과자를 집어들었다.
그리고 아무 생각도 하지 않고 과자를 입에 집어넣기 시작했다. 입안
에서 과자가 바스락거리며 부서진다.

'밖에 들리진 않겠지?'

음악 소리를 조금 키웠다. 어느새 과자 한 봉지가 바닥났다. 오늘
부터 다시 다이어트를 하려고 마음먹었는데 결국 또 이렇게 망쳐버
렸다.

'오늘은 어차피 틀렸어. 실컷 먹어버리고 내일부터 새로 시작해야

겠다.'

프링글스 뚜껑을 열고 감자칩을 입에 넣는데 엄마가 벌컥 문을 열었다.

"이럴 줄 알았어."

엄마 얼굴이 잔뜩 찌그러진다.

"서현아, 지금 몇 시니? 이렇게 늦은 시간에 과자 부스러기나 먹으니까 자꾸 살이 찌는 거야. 알아?"

"아까 저녁 안 먹었단 말이야. 이제 그만 먹을 거야."

거짓말이다. 다섯 시쯤 민주랑 분식집에서 떡볶이와 김밥을 먹었다. 순대도. 먹기 싫었는데, 민주가 배고프다고 해서 거절할 수가 없었다. 1인분씩 시켜서 둘이 나눠 먹었으니 그리 많이 먹진 않았다. 그래서 여섯 시쯤 집에 돌아온 후 계속 배가 고팠다.

"아까 엄마가 저녁 먹으라고 할 땐 왜 안 먹었어? 과자 먹으면 살찌는 거 몰라?"

내가 뚱한 표정을 지으며 대답을 않자 엄마는 방문을 쾅 닫고 나가버렸다.

'알아, 나도 안다고요.'

엄마는 살 빼라는 말을 입에 달고 산다. 살만 빼면 더 예뻐질 거다, 뱃살이 이게 뭐니, 뚱뚱하니까 성적도 안 나오지……. 생각해보면 아주 어렸을 때부터 나는 조금만 많이 먹어도 엄마한테 잔소리를 들었다. 그땐 별로 뚱뚱하지도 않았는데……. 엄마는 말라깽이인데다 소화가 안 된다는 말을 입에 달고 산다. 하지만 나는 아빠를 닮아선지 뭐든 잘 먹고, 살도 금방 찌는 체질이다. 엄마 눈에 나는 엄청나게 먹고 엄청나게 뚱뚱한 돼지 같은 여자아이일 것이다.

'짜증 나.'

프링글스 통을 품에 안고 감자칩을 꾸역꾸역 입에 넣었다.

바삭, 바삭, 바삭.

나도 모르는 사이 통이 텅 비었다.

"웩, 웩."

손가락으로 목구멍 깊은 곳을 건드려 배 속에 든 걸 몽땅 토해냈다.

'아, 시원하다.'

메스꺼운 기운이 진정되자 배 속이 텅 빈 듯 기분 좋은 허전함이 밀려온다. 과자를 다 토해냈으니까 몸무게는 괜찮을 것이다. 어쩌면 좀 더 빠졌을지도 모른다. 저녁을 안 먹은 셈이니까.

배가 부른 건 참을 수가 없다. 특히 밥이나 과자를 먹고 배가 부르면, 배 속에 탄수화물 덩어리가 잔뜩 들어차 있는 것처럼 느껴진다. 그럼 토하고 싶어진다.

'빼내야 해.'

배 속에 든 걸 변기에 모두 쏟아내고 나면 편안해진다. 살찔 거라는 두려움도, 절제하지 못하고 먹었다는 죄책감도 잠시 잊을 수 있다.

토하고 나니 마음이 편해졌다.

원푸드 다이어트, 황제 다이어트, 한약 다이어트……. 그동안 별별 다이어트를 다 해봤지만 한 번도 성공한 적은 없다. 잠깐 성공했나 싶다가도 금세 요요가 찾아와 원래 몸무게로 돌아가거나 몸무게가 오히려 더 늘곤 했다. 그래서 다이어트 대신 먹고 토해버리는 방법을 택했다. 처음엔 토하는 게 조금 두렵기도 했다. 하지만 지금은 익숙해졌다. 살찔까봐 불안해하는 것보다는 토하는 게 훨씬 편하다. 그러다보니 조금씩, 토하지 않으면 불안해지기 시작했다.

하지만 살은 빠지지 않고 그대로다. 그래서 내일부턴 진짜 다이어트에 돌입할 생각이다. 탄수화물 안 먹기, 칼로리 계산해서 먹기. 살이 빠지면 엄마한테 더는 잔소리를 듣지 않아도 되겠지. 살만 빠지면 남자친구도 생길 거야. 엄마 말로는 살만 빠지면 민주보다 내가 더 예쁠 거랬어. 살만 빠지면 공부에 더 집중할 수도 있고. 살만 빠지면……, 살만 빠지면…….

'더 쪘잖아!'

이해할 수가 없다. 배부르다는 느낌이 들면 바로 토해냈는데, 몸무게가 줄기는커녕 1.5킬로그램이나 늘었다.

'탄수화물을 더 줄여야 하나?'

다이어트를 시작하고 1주일이 지났다. 그동안 밥을 거의 먹지 않았다. 그런데도 살이 찌다니 이해할 수가 없었다.

난 탄수화물이 무섭다. 밖에서 친구들을 만날 때도 커피만 마시거나 샐러드 종류만 먹는다. 가끔 미치도록 뭔가 먹고 싶을 땐 냉장고 옆에 서서 아무거나 닥치는 대로 먹어버릴 때도 있다. 물론 집에 아무도 없을 때만.

'하지만 그때마다 토했는데……. 역시 탄수화물 때문이야.'

밥은 이제 절대 금지다. 국수나 냉면도 마찬가지다. 대신 빵이나 케이크는 가끔 먹어도 괜찮겠지……. 먹는 일만 생각하면 머리가 지끈거린다. 가끔 민주랑 만날 때도 점심이나 저녁 시간은 최대한 피한다. 함께 밥을 먹는 게 부담스럽기 때문이다. 조금만 먹어야 한다는 생각에 사로잡혀 대화에 집중할 수가 없다. 가끔은 너무 많이 먹은 느낌이 들어 바로 화장실로 뛰어가 토하고 싶을 때도 있다. 집에서 혼자 먹는 게 가장 편안하다.

'이제 친구 만나는 것도 금지야. 운동 시간도 늘려야겠어.'

사실, 만나는 친구라봐야 민주뿐이다. 민주를 만나거나 운동을 하러 트레이닝센터에 갈 때 빼고는 밖에 나가는 일도 거의 없다. 미국에 있는 친구들과는 내가 먼저 연락을 끊어버렸다. 내가 다니던 그 학교에서 여전히 즐겁게 지내고 있을 친구들을 생각하면 내 모습이 더 초라하게 느껴질 뿐이니까.

민주는 초등학교 때부터 단짝이다. 같은 아파트에 살면서 어린 시절을 함께 보냈기 때문에 서로 못하는 얘기가 없었다.

"민주가 그렇게 예뻐질 줄 누가 알았겠니? 너도 살 좀 빼."

엄마가 입에 달고 사는 말이다. 고등학생이 된 민주는 나보다 키가 10센티미터는 더 크고 몸매도 날씬하다. 초등학생 시절에는 나와 별다를 바 없었는데. 외모가 달라지고 나니 이제 민주에게도 털어놓지 못할 비밀이 많아졌다. 먹고 토하는 일도 그중 하나다.

'살만 빠지면 민주보다 더 예뻐질 거야. 살만 빠지면 모든 게 다 잘될 거야.'

당장은 괴로워도 다이어트는 내 미래를 위한 일이다. 주문을 외듯 마음속으로 같은 생각을 되뇌며 마음을 다잡았다.

오전 8시, 바나나 하나. 총 90칼로리
오전 11시, 스타벅스 카페라테. 총 180칼로리
오후 2시, 닭 가슴살 샐러드. 총 180칼로리

오늘도 다이어트 일기를 쓴다. 언제쯤 칼로리 계산을 안 하고 살 수 있을까? 스타벅스에서 라테를 마시며, 티라미수 케이크가 먹고 싶은 걸 겨우 참았는데 집에 와서도 티라미수만 눈앞에 아른거린다.

'티라미수 한 입만 먹었으면……. 아, 초코파이라도 하나 먹었으면 소원이 없겠다.'

오후 다섯 시, 집에는 아무도 없다. 늘 늦는 아빠는 오늘도 마찬가지일 것이다. 엄마는 동생이 다니는 학교 학부모 모임에 갔다. 늦어도 일곱 시 전에는 돌아올 것이다. 지금밖에 시간이 없다.

나는 집 앞 슈퍼로 뛰어가 초코파이를 한 박스 사왔다.

'얼른 먹고 치워버리자. 하나만 먹고 나머지는 침대 밑에 숨겨두지, 뭐. 그리고 저녁을 거르면 돼.'

허겁지겁 박스를 뜯어 초코파이 하나를 베어 물었다. 달콤한 초콜릿 향이 입안 가득 퍼진다. 나는 달콤한 것이 좋다. 어렸을 때부터 초콜릿이나 사탕을 입에 달고 살았다. 그래서 이렇게 살이 쪘는지도 모른다. 초코파이는 금세 입에서 사르르 녹아 없어졌다.

'하나만 더 먹자. 두 개 정도는 괜찮아. 괜찮을 거야.'

정신없이, 봉지를 뜯고 초코파이를 베어 먹다보니 어느새 박스 안에 있던 초코파이의 반이 사라져버렸다.

'대체 몇 개나 먹은 거야?'

배가 가득 차오르는 느낌이 들더니 몸이 온통 팽팽하게 부풀어 오르는 것 같았다.

'토해야 해. 다 빼내야 해.'

나는 화장실로 달려갔다.

"웩, 웩."

손가락을 목구멍 깊숙이 집어넣고 변기에 몸을 숙였다. 방금 먹은 초코파이 덩어리들이 목구멍을 거쳐 그대로 변기 속으로 빠져나왔다. 물을 내리고, 메스꺼움을 진정시키려 세수를 하려고 세면대로 몸을 일으키는데 거울에 누군가의 모습이 비쳤다.

"엄마……."

엄마가 화장실 문 앞에서 나를 지켜보고 있다.

"서현아, 너 왜 그래?"

엄마는 내 예상보다 훨씬 빨리 돌아왔다.

"언제부터 음식을 먹는 데 어려움을 겪기 시작했나요?"

맞은편에 앉은 박사님이 묻는다. 난 엄마의 성화에 못 이겨 결국 심리클리닉을 찾아왔다. 살 빼랄 땐 언제고, 엄마는 내가 토하는 걸 보고는 충격을 받은 것 같았다.

"몇 년 됐어요."

정말 하기 싫은 이야기다. 하지만 앞으로 나를 상담해줄 박사님이 맞은편에 앉아 있다. 이 자리에 앉은 이상 털어놓지 않으면 안 된다는 걸 난 알고 있다.

"어떻게 시작됐죠?"

기억을 떠올려봤다. 언제부터였더라. 아마도 맨 처음은 그때였을 것이다. 2년 전, 방학 때 잠깐 한국에 돌아와 식구들과 함께 저녁을 먹은 바로 그날.

"오랜만에 식구들이랑 저녁을 먹었는데 엄마가 먹는 내내 눈치를 줬어요. 많이 먹는다고. 그때는 미국에서 고등학교를 다닐 때라 한국 음식이 정말 그리웠거든요. 그래서 저도 모르게 많이 먹은 것 같긴 했어요. 배 속이 꽉 찬 것 같았어요. 다 먹고 방에 들어왔는데 어떻게 해야 할지 모르겠더라고요. 살을 빼야 하는데 저녁을 그렇게 많이 먹다니 내가 바보같이 느껴졌어요. 그때 갑자기 속이 뒤집히면서 토하고 싶다는 생각이 들었어요. 화장실에 가서 먹은 걸 다 토해냈는데, 정말 시원했어요. 저녁을 안 먹은 셈이라고 생각하니 기분도 좋아졌고요. 그래서 그 뒤로 많이 먹었다 싶으면 바로 토하고 싶어져요."

그때만 해도 먹고 토하는 일이 지금처럼 일상이 될 줄은 꿈에도 몰랐다. 하지만 차츰차츰 나도 모르게 먹고 토하는 일은 습관이 됐다.

"요즘은 어때요? 얼마나 자주 토하는 것 같아요?"

"매일 토해요. 어떨 때는 먹으면서 계획을 세우기도 해요. 이걸 다 먹고 나서 아무도 없을 때 화장실에 가서 토해야겠다, 어차피 토할 거니까 더 먹어버리자, 뭐 이런 식이에요."

엄마는 내가 토하는 모습을 보고 놀랐지만 처음에는 배탈이 났을 거라고 여겼다. 어쩌면 그렇게 믿고 싶었는지도 모른다. 그리고 또 나를 다그치기 시작했다. 뭘 그렇게 토할 지경이 되도록 많이 먹었느냐고, 상한 음식 가릴 줄도 모르느냐고⋯⋯. 그때 참았어야 했는데, 순간 욱하는 마음에 엄마에게 소리를 질렀다.

"그게 아니야! 엄마는 아무것도 모르지?"

"뭘 모른다는 거야? 엄마한테 뭐 숨기는 거 있니? 어디 아파?"

엄마는 거짓말쟁이거나 귀머거리다. 내가 매일 화장실에서 웩웩거리며 토할 때 그 소리를 한 번도 듣지 못했을까? 어쩌면 나는 엄마에게 들키기를, 그래서 이 구렁텅이에서 엄마가 날 꺼내주길 기다리고 있었을지도 모르겠다.

"일부러 토하는 거야. 살 빼려고."

엄마는 내 방 침대 밑에서 엄청나게 많은 과자봉지를 찾아냈다. 과자봉지가 꽉 들어찬 프링글스 통이 열 개도 넘게 나왔다. 그렇게 많은 과자를 먹어치웠다는 걸 알고 나도 새삼 놀랐다.

엄마는 내가 매일 이런 식으로 먹고 토하는 일을 몰래 반복해왔다는 걸 알고 나자 크게 한 대 얻어맞은 사람처럼 얼굴이 하얗게 질렸다. 그런 엄마 얼굴은 처음 보았다.

그런데 지금 내 맞은편에 앉은 박사라는 사람은 이런 내 얘기가 아무렇지도 않나보다. 내가 방에 들어섰을 때 보여준 미소가 지금도 여전히 남아 있다. 이 사람을 믿어도 괜찮을까?

"삶에서 변화시키고 싶은 부분이 있나요?"

왜 갑자기 이런 질문을 던지지?

"살을 빼고 싶어요. 그리고…… 학교에 다시 가고 싶어요."

"미국에서 고등학교를 다녔다고 했죠? 왜 학교를 그만뒀나요?"

"완전히 그만둔 건 아니고 휴학했어요."

"왜 휴학했는지 말씀해주시겠어요?"

모든 얘길 다 털어놓아도 괜찮을까?

"남자친구가 있었는데 헤어졌어요. 기숙사에 있으니까 너무 우울
해서 죽을 것 같더라고요. 혹시 내가 미친 것 아닐까 하는 생각까지
들었어요. 그래서 한국으로 돌아왔어요."

"그때도 다이어트를 하고 있었나요?"

"네, 다이어트 한 지는 정말 오래됐어요."

"왜 시작하셨어요?"

왜 시작했냐니, 내 모습을 보고도 그 이유를 모르는 걸까?

"난…… 뚱뚱하니까, 못생겼으니까……."

가족 아닌 다른 사람에게 내 외모에 대해 말한 건 이번이 처음이다.
비참한 기분이 든다.

"미국에서 사귄 친구들은 모두 나보다 키도 크고 날씬하고, 다리도
길고……. 같이 있으면 내가 정말 한심하고 못생겼다는 생각이 들어

요. 그게 사실이고요. 엄마도 항상 그래요. 나도 살만 빠지면 그 애들 만큼 예뻐질 거라고, 살만 빼면 모든 게 다 잘될 거라고……."

"엄마가 그런 말씀을 자주 하셨어요?"

"난 언제나 뚱뚱했기 때문에 어렸을 때부터 그런 말을 질리도록 들었어요. 그만 먹어, 먹지 마, 살 빼, 살만 빼도 예뻐질 거야……."

"엄마가 그렇게 말씀하시면 어떤 생각이 들었죠?"

"그래, 맞아. 난 뚱뚱해서 안 돼. 살 빼야지. 한심해. 이런 생각이 들어요."

난 엄마 말을 진리로 여겨왔다. 사실 엄마 말이 다 맞다. 날씬해진 나를 보면 에릭도 다시 나와 사귀고 싶어할지 모른다. 텔레비전에 나오는 유명한 여자들도 모두 예쁘고 날씬하다. 살만 빼면 모든 게 다 잘될 것이다.

음식 일기를 쓰게 되었다. 전에 쓰던 다이어트 일기와도 비슷하지만 좀 다르다. 다이어트 일기는 칼로리를 계산하려고 썼지만, 클리닉에서 쓰게 한 음식 일기는 먹은 시간, 음식뿐만 아니라 어디서 먹었는지, 어떤 상황에서 어떤 감정으로 먹었는지, 먹으면서 어떤 생각을 했는지까지 자세하게 적어야 했다.

클리닉에서는 음식 일기 말고 다른 숙제도 하나 내줬다. 세 끼를 꼬박꼬박 챙겨 먹기. 다음 주에 음식 일기를 박사님께 보여줘야 한다. 거짓으로 쓰지 않는다면 박사님은 내가 1주일 동안 무슨 음식을 몇 시에 어떤 마음으로 먹었는지 다 알게 된다.

오늘 아침 여덟 시, 정말 오랜만에 아침밥을 먹었다. 된장찌개, 애호박볶음, 햄 그리고 내가 싫어하는 밥.

"오늘부터 아침은 엄마랑 같이 먹는 거야. 알았지?"

식탁에서 엄마가 나한테 이렇게 다정하게 말하다니, 박사님이 시켰나보다. 식탁에 엄마와 동생과 함께 앉아 밥을 먹는 것도 거의 몇 달 만이었다. 기분이 묘했다. 엄마는 아침부터 저녁까지 초등학생인 동생 꽁무니만 쫓아다닌다. 아침에 동생을 학교에 데려다주고 다시 집에 왔다가 오후에는 이 학원에서 저 학원으로 동생을 태우고 다닌다. 점심때나 저녁때는 학부모 모임, 학원 설명회 등으로 바쁘다. 아마 내 얼굴을 보기 싫어서 더 동생만 챙기는지도 모른다. 엄마에게 난 실패한 딸이니까.

열두 시, 운동을 갔다 집에 오는 길에 편의점에서 점심을 먹었다. 샐러드만 먹을까 하다가 삼각김밥도 하나 먹었다. 이 정도는 괜찮을 거라고 생각하면서. 하지만 다 먹고 나니 죄책감이 밀려왔다. 탄수화물을 너무 많이 먹은 것 같았다.

'아침에도 된장찌개가 맛있어서 밥을 많이 먹었던 것 같은데…….'

갑자기 토하고 싶어졌다.

'안 돼. 참아야 해.'

편의점을 나와 숨을 고르고 시원한 바깥 공기를 마셨다. 조금씩 마음이 안정되는 것이 느껴졌다.

'괜찮아. 아까 운동도 했잖아.'

집으로 걸어가는 내내 배가 팽팽하게 부풀어 오른 듯한 느낌에 불편했다. 저녁을 굶어야겠다는 생각이 언뜻 스쳤다.

저녁 일곱 시, 김치찌개와 계란말이가 식탁에 올랐다.

'계란말이나 먹어야겠다.'

나는 밥을 한쪽으로 밀어놓고 계란말이를 깨작거리기 시작했다. 나는 계란말이가 좋다. 부드럽고 고소하다. 문득, 이렇게 맛을 느끼며 밥을 먹는 게 참 오랜만이라는 걸 깨달았다. 늘 칼로리를 떠올리며 불안감에 휩싸여 먹거나, 숨어서 허겁지겁 먹다보니 맛을 느낄 겨를이 없었다. 지금은 가족과 함께 식탁에 앉아 엄마가 차려준 밥을 먹고 있다. 마치 미국에 가기 전 어린 시절로 돌아간 것 같았다.

'맛있어.'

갑자기 입에 침이 고이면서 식욕이 당겼다. 나도 모르게 밥공기를 다시 내 앞에 놓고 밥을 먹기 시작했다. 김치찌개도, 밥도, 계란말이도, 맛있다.

"잘했어요! 그런데 밤엔 왜 토했어요?"

"몸무게를 쟀는데, 또 1.5킬로그램이나 불었잖아요."

나는 박사님 앞에서 울고 있다. 그날, 나는 오랜만에 즐거운 저녁 식사를 마치고 방으로 돌아와 체중계에 올랐다. 겨우 하루 탄수화물을 좀 많이 먹었다고 살이 찌진 않을 거라 나 자신을 안심시키면서. 하지만 살이 쪘다.

'말도 안 돼.'

순간 욕지기가 올라왔다. 그리고 나는 하루 만에 예전의 나로 돌아왔다. 나는 다시 구렁텅이에 빠졌다. 그리고 이제는 빠져나올 수 있을 거라는 희망마저 사라졌다.

"괜찮아요. 체중이 조금 증가하는 건 정상입니다."

거짓말. 처음 상담한 날 박사님은 치료를 받아도 뚱뚱해지지 않을 거라고, 분명 그렇게 말했다.

"살 안 찔 거라고 하셨어요."

"자, 이걸 기억하세요. 우리 목표는 살을 빼는 게 아니라 건강한 삶을 되찾는 거라는 걸."

"다 필요 없어요. 건강한 삶이든 뭐든, 뚱뚱해지면 그게 다 무슨 소용이에요?"

뚱뚱한 나는 필요 없다. 건강하고 즐겁게 살면 좋겠지만, 뚱뚱해져야 한다면 다 포기할 것이다.

"뚱뚱해지지 않을 거예요. 몸이 자연스러운 상태를 회복하는 과정일 뿐입니다."

나는 대답하지 않았다. 박사님에 대한 불신이 다시 고개를 들기 시작했다.

"다음 날은 어땠나요? 음식 일기를 보니 밥을 잘 먹지 않은 것 같은데요? 오전에는 수박, 점심에는 커피를 마셨군요. 저녁엔 친구를 만나셨어요?"

"네, 친구랑 집 앞 카페에 갔어요. 거기서 치즈케이크를 먹었어요."

"자포자기했고 죄책감을 느꼈다고 적혀 있어요."

민주와 치즈케이크를 한 조각씩 먹었다. 먹지 말았어야 했다. 하지만 민주는 내가 달콤한 과자나 케이크를 좋아한다는 사실을 잘 안다. 민주 앞에서 평범하게 행동하고 싶었다.

"밤 아홉 시에는 과자를 먹었군요?"

"케이크를 먹고 나니까 다른 것도 먹고 싶었어요. 어차피 밤에……토해버리면 되니까 다 먹어버리자고 생각했어요. 친구와 헤어지고 나서 편의점에 들러 프링글스와 빵을 샀어요. 집으로 돌아와서 전부 먹어버렸어요. 30분도 안 걸렸을 거예요."

"그러고 나니 기분이 어땠나요?"

"아무 생각도 없이 먹어치웠는데, 그러고 나니까 너무 우울했어요. 그래서 화장실에 가서 다 토했어요."

토하고 나자 오히려 마음이 편해졌다.

'그래, 이게 나야. 실패자.'

"자, 그렇게 1주일 동안 먹고 토하고를 다시 반복했는데, 몸무게가 좀 변했나요?"

"아뇨, 똑같아요. 왜 살이 안 빠지는지 모르겠어요. 먹고 나서 토했으니까 음식이 다 빠져나갔을 텐데……."

정말 알 수가 없다. 토하는데도 왜 살이 빠지지 않을까? 오히려 얼굴은 점점 더 통통해진다.

"자, 흥미로운 얘길 하나 해드릴게요."

박사님은 사뭇 진지한 얼굴로 말을 이었다.

"구토를 해도 섭취물은 몸에서 다 빠져나오지 않습니다. 그게 과학적 원리죠. 우리 몸은 영양소를 원해요. 그런데 음식을 먹지 않으면 어떻게 될까요? 몸은 계속 영양분을 달라고 조르겠죠? 그래서 폭식 충동이 일어납니다. 폭식을 하면 몸은 영양분을 열심히 빨아들입니다. 구토를 해도 몸은 이미 빨아들인 영양분을 저장하고 있지요. 그리고 다시 몸은 계속 음식을 달라고 조르고, 그러면 또 폭식 충동에 시달리고……. 이렇게 반복되는 겁니다. 한마디로, 폭식과 구토는 다이어트에 아무런 도움도 되지 않아요. 건강만 해칠 뿐이죠."

정신이 번쩍 들었다. 토해도 음식이 다 빠져나가지 않는다고? 내 몸이 영양분을 달라고 조르고 있다고?

"그러니 세 끼를 제대로 드시는 게 중요합니다. 제때 잘 먹으면 폭식 충동이 줄어들 테고, 충동이 안 생기면 폭식도 구토도 할 일이 없겠죠? 잘 먹으면 처음에는 몸무게가 조금 증가할 수도 있어요. 하지만 나중에는 정상으로 돌아오거나 더 줄어들게 돼요."

"정말이에요?"

그렇게 된다면 얼마나 좋을까? 평범한 사람들처럼 즐겁게 먹으면서 뚱뚱해지지 않을 수 있다면.

'그래, 일단은 믿어보자.'

나는 박사님이 시키는 대로 한번 해보기로 결심했다. 뭐든 해보자. 그래서 이 구렁텅이에서 빠져나오자.

음식 일기를 쓰기 시작한 지 한 달이 지났다. 박사님의 말을 믿기로 결심하고 세 끼를 꼬박꼬박 먹기 시작했다. 엄마도 박사님께 무슨 말을 들었는지, 전처럼 밥 먹을 때 살을 빼라거나 조금 먹으라고 잔소리를 하지 않는다. 아침저녁을 엄마와 함께 식탁에 앉아 먹는 날이 많아지고 있다.

신기하게도 몸무게는 많이 늘지 않는다. 가끔 토하고 싶은 충동이 일 때가 있다. 저녁을 조금 늦게 먹거나 많이 먹었다는 생각이 들면, 어김없이 배가 부풀어 오른 듯 불편해지면서 속에 든 것을 다 꺼내버리고 싶다는 충동에 사로잡힌다.

"그럴 때마다 '주의 분산 스킬'을 사용하세요. 폭식이나 구토가 하고 싶을 땐 그 대신 할 수 있는 '즐거운 활동'을 하면서 시간을 보내는 겁니다. 시간이 지나면 충동도 차츰 줄어드니까요. 평소에 좋아하는 걸 하면 돼요."

박사님이 가르쳐준 대로 그럴 때마다 나는 일명 '즐거운 활동'을 하면서 그 충동의 시간이 지나가기를 기다린다. 텔레비전을 보거나 만화책을 읽고, 그래도 안 되면 밖으로 나가 산책을 한다. 걷다보면 마음이 편안해진다. 아주 오랜만에 나는 평화로운 일상으로 돌아왔다.

'아……. 늦었어.'

약속 시간은 이미 30분이나 지났다. 휴대전화는 계속 울리고 있다. 아마 오늘 만나기로 한 친구들 중 한 명일 것이다.

'늘 이런 식이지. 한심해.'

꺼내놓은 옷들을 모두 방바닥에 던져버리고 침대에 누웠다. 거의 반년 만에 만나기로 한 친구들이었다. 방학을 맞아 미국에서 잠시 귀국한 친구들. 한때는 같은 유학생 처지로 가족처럼 친하게 지냈다. 하지만 내가 먼저 연락을 끊은 뒤 오늘 약속마저 펑크내고 말았으니 이제 친구들과 다시는 연락을 주고받을 수 없을 것이다. 어제까지만 해도 친구들과 만날 생각에 얼마나 두근거렸던가. 하지만 오늘 아침 모든 기대가 박살이 났다.

아침에 일어나서 지금까지, 나는 옷장 안 옷을 몽땅 꺼내 입어보고 있었다.

'어떤 옷을 입어야 예쁘고 날씬해 보일까?'

그런데 뭘 입어도 거울에 비친 내 몸은 너무 흉하고 뚱뚱해 보였다. 게다가 얼굴도 눈에 띄게 부어 있었다.

'언제 이렇게 살이 쪘지? 맞는 옷이 하나도 없잖아? 얼굴도 너무 못생겼어.'

희미하게 있었던 쌍꺼풀마저 없어졌다. 턱 밑 살도 늘어져 턱이 두 개인 것처럼 보였다. 볼살은 또 왜 이렇게 많을까……. 볼수록 마음에 안 든다.

결국 나는 이불을 둘둘 감고 두 손으로 얼굴을 가린 채 울었다. 시간이 얼마나 흘렀을까, 용기를 내 휴대전화를 보니 약속 시간이 한 시간이나 지났다. 전화벨도 더는 울리지 않는다.

'너무 방심했어. 어제 하루는 그냥 굶을걸.'

친구들과의 만남이 기대되기도 했지만 조금 불안했던 것도 사실이다. 친구들로부터 예뻐졌다, 날씬해졌다는 말을 듣고 싶었다. 그래도 박사님과의 약속을 생각하며 어제도 세 끼를 모두 챙겨먹었다. 하지만 저녁이 되니 불안감 때문에 토하고 싶은 충동이 다시 스멀스멀 고개를 들었다. 즐거운 활동도 소용이 없었다. 위기의 시간은 지나가지 않고 내 주변을 떠돌았다.

'그냥 토할까? 그럼 마음이 편해질 텐데. 아니야, 박사님과 약속했잖아. 건강해지기로……'

머릿속에서 천사와 악마가 싸우고 있었다. 그리고 결국 악마가 이겼다.

하지만 지금 생각해보니 어젯밤 토한 건 아무런 도움도 안 됐다.

'어제 먹지 말고 운동이나 더 할걸. 그랬으면 저기 널브러진 옷 중에 몇 벌은 맞았을 거야. 지금쯤 예쁘게 입고 친구들이랑 수다를 떨고 있을 텐데……'

모든 걸 다 포기해버리고 싶다. 건강한 몸도, 평화로운 삶도. 난 실패자다.

똑똑.

누군가 내 방문을 두드린다. 대꾸하기 싫어서 숨죽이고 있었더니 문이 빠끔 열린다. 엄마다.

"오늘 친구들 만나러 나간다며? 왜 여태 이러고 있어?"

"안 만날 거야."

"왜?"

"그냥. 나가기 싫어."

"서현아."

엄마가 한숨을 푹 쉬더니 방으로 들어온다.

"엄마 좀 봐."

"싫어. 싫다고!"

나도 모르게 엄마에게 소리를 질렀다. 갑자기 화가 나서 견딜 수가 없다.

"다 짜증 나. 나가. 내 방에서 나가라고!"

"엄마한테 무슨 말버릇이야? 왜 그러는지 알아야 엄마가 뭐라도……."

"엄마가 뭘? 엄마가 뭘 해줄 건데? 엄마는 서준이만 좋아하잖아. 나 같은 건 안중에도 없잖아. 엄마 때문이야, 다 엄마 때문이라고!"

진심인지 아닌지 나조차도 알 수 없는 말들이 그냥 입에서 쏟아져 나온다. 부글부글 끓어 넘치는 냄비처럼. 모두 밉다. 엄마도, 서준이도, 나도.

"얼굴이 부은 건 전날 밤에 토했기 때문일 수도 있어요."

박사님이 심각한 표정으로 내 얘길 듣더니 이렇게 말했다.

"아니에요. 전 원래 잘 부어요. 얼굴에 살도 많고."

난 얼굴이 붓는 게 정말 싫다. 가뜩이나 못생긴 얼굴인데 퉁퉁 부으면 작은 눈은 더 작아지고 얼굴은 더 커진다. 심하게 부은 날은 스카프나 목도리를 칭칭 둘러 얼굴을 가리고 다니기도 한다.

"토하면 목에 있는 임파선이 부풀어 오르거든요. 잘 몰랐을 수도 있지만 몇 달 전에는 서현씨 얼굴이 늘 부어 있었어요. 그런데 한 달 가까이 토하지 않아서 부었던 얼굴이 가라앉았는데 그 전날 갑자기 토해서 부은 게 더 두드러져 보였을 거예요."

"몰라요, 모르겠어요. 그냥 다 힘들어요."

가슴이 답답해서 아무 말도 하고 싶지 않았다. 이젠 아무것도 시도하고 싶지 않다. 박사님은 나를 잠시 바라보다가 나지막이 말했다.

"지난 몇 년간 폭식과 구토를 반복해왔죠? 습관은 쉽게 바뀌지 않아요. 특히 지금까지 알고 있었던 다이어트 상식과 반대로 행동하려 애쓰다보니, 자신을 부정하는 것 같은 느낌을 받을 때도 있을 거예요. 그렇지만 지금까지의 고통을 한번 돌아보세요. 식이장애를 극복하려면 용기가 필요합니다. 서현씨는 어린 나이에 가족을 떠나 홀로 외로운 유학생활도 견뎌냈던 사람이에요. 자신이 얼마나 용기 있고 인내심이 강한 사람인지 잊지 마세요. 자, 이제 숨을 깊게 들이마시고 천천히 내쉬면서 내 마음을 잠시 바라보세요."

박사님의 말을 듣고 나는 잠시 눈을 감고 호흡에 집중했다. 나는 중학교 때 유학을 결심했다. 아마 엄마는 내가 왜 그런 결심을 했는지 모를 거다. 엄마는 늘 내가 1등을 하지 못하는 걸 안타까워했다. 성적

표를 보여줄 때마다 엄마는 잔뜩 상심한 표정으로 성적표에 적힌 숫자를 노려보았다. 나는 미국에 있는 명문 학교에 당당히 입학하는 모습을 엄마에게 보여주고 싶었다. 그게 엄마를 이기는 길이라고 생각했다. 유학생활은 사실 그렇게 즐겁지도, 대단하지도 않았다. 인종차별에 분하고 억울한 적도 있었고, 한국에서 온 유학생들 사이에서 벌어지는 온갖 일들도 나를 힘들게 했다. 그래도 난 기죽지 않았다. 그렇게 당당했던 내 모습을 다시 찾을 수 있을까? 클리닉에 흐르는 잔잔한 음악을 듣고 있으니 마음이 조금 가라앉는 것 같았다.

"마음이 좀 가라앉았나요?"

"네……."

"이제 새로운 숙제를 하나 더 내드리겠어요."

박사님이 종이를 한 장 건네주었다. 종이에는 이렇게 적혀 있었다.

체중과 몸매에 대한 걱정 다이어리

"자신의 체중이나 몸매에 대해 부정적인 생각이 들거나 그 때문에 우울해질 때마다 여기에 메모하세요. 어떤 사건 때문에 부정적인 생각이 들었는지, 구체적으로 어떤 생각을 했는지, 그리고 어떻게 행동했는지를 쓰는 겁니다. 부정적인 생각에 어떻게 대처했는지까지도요. 그동안 클리닉에서 배운 스킬들 기억나시죠? 뭐가 있었는지 한번 떠올려보겠어요?"

"어……. 주의 분산 스킬을 배웠어요. 토하거나 폭식하고 싶을 때 다른 데로 주의를 돌리는 거요."

"맞아요. 그리고 나서 어떤 활동을 하죠?"

"즐거운 활동! 즐거운 활동을 하면서 충동이 서서히 지나가기를 기다려요."

"그래요, 지금까지 주의 분산과 즐거운 활동을 통해 충동을 잘 다스려왔어요. 지금까지 적용해온 스킬들을 이제 더 적극적으로 써보게 될 겁니다. 지금까지 해온 것처럼 앞으로도 잘하실 수 있어요."

종이를 들여다보니 커다란 표가 그려져 있었다. 이제 이 표에 부정적인 생각들을 매일 일기처럼 적어나가야 한다.

'잘할 수 있을까?'

촉발 사건, 부정적 생각, 결과 등 단계별로 정리된 표를 보고 있으니 머리가 복잡해졌다. 하지만 한편으로는 내 마음을 차분하게 들여다볼 수 있는 기회가 되겠다는 생각도 들었다.

"해볼게요."

박사님은 언제나처럼 격려의 미소를 띤 채 나를 바라보고 있었다.

체중과 몸매에 대한 걱정 다이어리

촉발 사건

수진이 페이스북을 봤다.

미국에서 친했던 친구인데 못 본 사이에 더 예뻐졌다. 원하던 대학에 합격해서 며칠 전 한국에서 친구들과 축하 파티를 한 것 같았다. 나한 테는 연락도 없었다.

부정적 생각

나도 수진이처럼 예뻐지고 싶고, 공부 잘해서 성공하고, 자랑도 하고 싶다. 수진이가 미칠 듯이 부러웠다. 내 모습이 너무 초라하게 느껴졌다. 나만 축하 파티에 초대받지 못했다. 이제 왕따가 되었나 하는 생각이 들었다. 내가 뚱뚱하고 못생겨서, 게다가 휴학 중이니까 한심해 보이는 걸까? 나는 왜 살도 못 빼고 이러고 있나, 너무 한심하다.

결과

모든 게 다 짜증이 나서 엄마랑 동생에게 별일 아닌 걸 가지고 소리를 질렀다. 외롭고 불안해서 눈물이 날 것 같았다. 초콜릿이나 과자 같은 걸 막 먹어버리고 싶었다.

대처 스킬

크게 심호흡을 했다.

텔레비전을 보면서 다른 데로 관심을 돌리려고 했다. 하지만 잘 안 됐다. 텔레비전에도 예쁘고 날씬한 여자들만 나오니까.

즐거운 활동을 하고 싶었는데 생각이 안 나서 그냥 산책을 나갔다. 집 근처를 한 바퀴 돌았더니 마음이 조금 진정됐다.

촉발 사건

엄마가 수진이 소식을 들었다. 수진이 엄마와 우리 엄마가 서로 아는 사이이기 때문이다. 수진이 엄마가 얼마나 자랑을 했는지, 엄마는 다시 나만 보면 한숨을 내쉬기 시작했다. "처음 미국 갔을 땐 네가 수진이보다 훨씬 적응도 잘하고 성적도 좋았잖아." 엄마가 한숨을 쉬면서 이렇게 말했을 때, 왠지 모르게 마음이 아팠다. 엄마를 실망시킨 것도 싫고, 엄마 입에서 그런 말이 나오는 것도 싫었다. 엄마가 "서현아, 괜찮아" 하고 말해주길 바랐는데…….

부정적 생각

며칠 전, 나도 수진이 소식을 듣고 우울했다. 그래도 클리닉에서 배운 스킬을 적용하고 기분 전환도 하면서 우울함을 떨쳐버리려 했는데 엄마가 저럴

게 걱정하는 걸 보니 다시 기분이 안 좋아졌다. '난 이제 틀렸어'라는 생각이 들면서 모든 의욕이 사라져버렸다. 자포자기하는 심정으로 과자 같은 걸 막 먹어버릴까 하는 생각마저 들었다.

결과

운동도 가지 않고 방에 틀어박혔다. 엄마 얼굴을 보기 싫어서 거실에도 나가지 않았다. 외롭고 불안했다.

대처 스킬

방에 틀어박혀 미국 유학 시절을 떠올려봤다. 예전 사진들도 꺼내서 보고, 일기도 뒤적거리고…… 수진이 사진이 참 많다. 부모님과 떨어져 미국으로 가게 됐을 때, 내 옆에는 친구들 말고는 아무도 없었다. 수진이랑은 한국에서부터 알던 사이라 정말 단짝처럼 지냈다. 문득, 수진이에게 연락해보고 싶다는 생각이 들었다. 망설이다가, 메시지를 보냈다. 소식 들었다고, 축하한다고. 그러고 나니 마음이 편해졌다. 난 수진이가 부럽긴 했지만 그래도 여전히 좋은 친구라고 생각한다. 언젠가는 당당한 모습으로 수진이를 만나고 싶다.

....

촉발 사건

거울을 보다가 문득, 얼굴이 너무 못생겼다는 생각이 들었다.
통통한 볼살, 늘어진 턱, 작은 눈……. 내가 미워졌다.

부정적 생각

얼굴도 못생겼는데 날씬하지도 않고, 공부까지 못하면 나는 실패자가 될
거라는 생각을 하니까 너무 우울했다. 휴학 중인 내 상황이 불안하고, 아
무것도 못하고 내 몸 하나 추스르지 못해 이러고 있으니 한심스러웠다.

결과

인터넷으로 '살 빼는 방법' '한 달 안에 10킬로그램 감량' 같은 걸 찾아
보면서 시간을 보냈다. 누군가와 대화를 나누고 싶었지만 엄마랑은 터놓고
얘기할 수 없고 친구들과는 다 멀어졌다. 내 옆엔 아무도 없다.

대처 스킬

계속 인터넷을 하고 있으면 우울하기만 할 것 같아서 컴퓨터를 꺼버렸다.
트레이닝센터에 가서 운동을 했다.
집으로 돌아오면서 문득 그런 생각이 들었다. 지금까지 늘 다이어트를 하고
실패하는 패턴에 얽매여 있었는데 그 패턴에서 벗어난 것만으로도 크게
한 걸음 내디딘 거라고. 다이어트하고, 숨어서 토하고, 그랬던 생활에서

벗어나려고 노력하고 있으니까 앞으로는 분명 더 좋아질 거라고. 답답했던 마음이 조금은 뚫리는 것 같았다.

몇 주 동안 열심히 쓴 걱정 다이어리를 박사님과 함께 보는 시간이다. 박사님과 함께 다이어리를 읽으며 얘기를 나누다보니 머릿속이 하나둘 정리되는 듯한 느낌이 들었다. 박사님은 수진이에게 연락했다는 부분을 읽으며 활짝 웃으셨다.

"먼저 용기를 내서 친구에게 연락을 하다니, 정말 잘했어요. 혹시 친구한테 답장이 왔나요?"

"네, 수진이가 전화를 했어요."

우리는 오랜만에 전화로 길게 수다를 떨었다. 수진이는 그동안 내가 전화도 받지 않고 친구들 모임에도 나오지 않아 연락을 못했다고 했다. 내가 연락을 끊어 서운했다는 수진이 말을 듣고 나는 조금 놀랐다. 수진이가 내 연락을 기다리고 있을 거라는 생각은 전혀 하지 못했기 때문이다.

"어떻게 그렇게 연락을 딱 끊어? 너 진짜 보고 싶다."

왠지 왈칵 눈물이 날 것 같았다. 나도 사실은 수진이가 정말 보고 싶었는데, 그동안 내 마음을 나도 잘 몰랐던 것이다.

다이어리를 쓰면서 깨달은 게 있다. 그동안 나는 남들이 나를 어떻게 생각할지에 대해서만 신경을 곤두세우고 있었다. 그러다가 좋지 않은 일이 생기거나 우울해지면, 뚱뚱하고 못생겼기 때문이라고, 이렇게 못생긴 나를 좋아하는 사람은 아무도 없을 거라고 멋대로 생각해버렸다. 먼저 연락해줘서 정말 반가웠다고, 보고 싶다고 하는 수진이 목소리를 들으니 내가 혼자서 얼마나 터무니없는 상상을 해왔는지 깨닫게 되었다. 어쩌면 세상에서 나를 가장 싫어한 사람은 바로 나, 이서현일지도 모른다.

박사님에게 이런 내 마음을 이야기했더니 고개를 끄덕이신다.

"그런 생각이 들었다면 이제, 다음 단계로 나아갈 준비가 된 것 같군요."

"다음 단계요?"

"그래요, 자기 자신을 괴롭히는 생각, 가장 근본적인 문제 사고에 도전해야 할 때가 왔어요. 이렇게 질문을 던지죠. 살이 찌는 게 왜 싫으세요?"

"뚱뚱해서……. 살이 찌면 사람들이 나를 싫어할까봐요."

"자신의 외모 때문에 다른 사람들이 자신을 싫어할 거라는 생각을 자신도 모르게 계속 하고 있어요. 그럼 이제 '얘가 살 쪄서 날 싫어할 거야'라는 생각에서 벗어나도록 도전해볼까요? 그렇지 않다는 합리적인 이유를 찾아내면 자기 자신을 있는 그대로 사랑할 수 있거든요."

"하지만 사람들은 뚱뚱하고 못생긴 여자보다 날씬하고 예쁜 여자를 더 좋아해요. 그건 사실이잖아요!"

박사님은 말을 이었다.

"예뻐지고 싶나요?"

"네, 그럼요. 당연하죠."

"그렇다면 지금은 예쁘지 않다는 얘기네요?"

'당연한 걸 왜 묻고 그래? 뚱뚱하고, 얼굴도 크고…… 누가 날 예쁘다고 생각하겠어?'

반사적으로 고개를 끄덕이며, 나는 얼굴이 굳어지는 걸 느꼈다.

박사님은 자신을 손으로 가리키며 말했다.

"자, 보세요. 나도 마른 몸매는 아니에요. 누군가는 나를 보고 뚱뚱하다고 생각할 수도 있겠죠. 배도 나왔고, 얼굴도 크다고요. 하지만 나는 한 번도 그런 생각을 하며 괴로워한 적이 없어요. 사실 서현씨는 저보다 더 날씬하잖아요? 그렇지 않나요?"

사실 그랬다. 박사님은 날씬한 사람이라기보다는 뚱뚱한 사람에 더 가까웠다. 박사님과 나를 비교하면 분명 내가 더 날씬한 사람일 것이다. 하지만 이상하게도 박사님을 보며 뚱뚱해서 혐오스럽다거나 실패한 사람이라고 생각한 적은 없었다. 나 자신에 대해서는 늘 그렇게 생각하면서도.

박사님은 질문을 계속했다.

"예쁘다는 건 뭘까요? 미의 기준은 누가 정하죠? 마르고 얼굴이 작으면 정말 예쁜 걸까요?"

"텔레비전에 나오는 여자들을 보면 다 날씬하고 눈도 크고 얼굴도 작아요. 사람들은 그런 여자들을 보고 예쁘다고 하고요."

"하지만 이 세상 사람들이 모두 텔레비전에 등장하는 사람들처럼 생기진 않았어요. 그렇다고 불행할까요? 각자 개성을 살려서 잘 살아가고 있잖아요? 왜 텔레비전이 만들어낸 미의 기준에 맞추려고만 하시죠? 서현씨, 왜 스스로 미의 기준을 세우지 않나요?"

뒤통수를 한 대 얻어맞은 느낌이었다.

'스스로 미의 기준을 세워라, 이런 게 문제 사고에 도전하는 걸까?'

한 번도 해본 적 없는 생각이라 가슴이 뛰었다. 하지만 미의 기준이란 뭘까 생각하니 머리가 복잡해졌다.

"너무 어려워요. 한 번도 그런 식으로는 생각해본 적이 없어요. 그냥 미국에선 여자애들이 다 나보다 다리도 길고, 늘씬하고, 얼굴도 작아서 늘 부러웠어요. 그러다보니까 외모에 점점 더 집착하게 되고……. 엄마도 어렸을 때부터 살찌면 안 된다는 말을 입버릇처럼 했기 때문에 그게 당연하다고만 생각했거든요."

"많은 여성들이 그런 미의 기준 때문에 힘들어합니다. 특히 우리나라 여성들은 성형수술, 다이어트를 안 해본 사람이 없을 정도지요. 하지만 성형수술을 하고 다이어트를 하며 먹는 즐거움을 잃어버린 사람들이 진정 행복할까요?"

"날씬해지면 이제 몸무게나 다른 사람들 시선에 더 이상 신경을 안 쓰게 될 테니까 공부도 더 열심히 하게 되고, 자신감도 생겨서 행복할 것 같아요."

"몸무게가 몇 킬로그램이었으면 좋겠어요?"

"45킬로그램만 되면 좋겠어요."

"그렇게 되려면 지금 몸무게에서 몇 킬로그램이나 빼야 하죠?"

"13킬로그램이나 빼야 해요."

"자, 그럼 한번 상상해볼까요? 13킬로그램을 빼서 날씬해졌어요. 그러면 외모에 대한 관심을 끊을 수 있을까요? 다시 살이 찔 수도 있는데?"

"일단 날씬해진 다음에 생각할래요."

나는 머리가 복잡해져서 아무렇게나 대답해버렸다. 하지만 마음속으로는 알고 있었다. 결코 외모에 대한 관심을 끊을 수 없으리란 걸. 살을 빼고 나서도 다시 뚱뚱해지면 어쩌나 하는 걱정에 사로잡혀 있으리라는 걸.

상담을 마치고 집으로 돌아오는 내내 머릿속이 복잡했다. 스스로 미의 기준을 세우라는 박사님의 말이 머릿속에 맴돌았다. 하지만 진짜 아름다움이란 과연 뭘까 골똘히 생각하다보면 머릿속이 뒤죽박죽되고 만다.

반년 만에 수진이와 만났다. 페이스북 사진을 봤을 때도 더 예뻐졌다고 생각했는데 직접 만난 수진이는 반짝반짝 빛이 났다. 눈, 코, 입 모두 예전 그대로인데 왠지 달라진 것만 같았다. 나는 괜히 주눅이 들었다.

하지만 이런 내 맘을 모르는지 나를 바라보는 수진이 눈빛에는 반가움과 설렘만이 가득했다.

"야, 진짜 보고 싶었어! 넌 나 안 보고 싶었냐?"

"나도 그랬지……."

어색하면 어쩌나 걱정했지만, 우리는 어느새 어제 만났다 헤어진 사이처럼 수다를 떨고 있었다.

수진이는 미국 친구들 한 명 한 명의 소식을 자세히 알려주었다. 수진이처럼 원하던 대학에 합격한 친구들도 있었지만 나처럼 중간에 휴학을 하거나 입시에 실패해 다시 준비하는 친구들도 있었다.

"근데 너 어딘가 달라진 거 같아. 요즘 다이어트해?"

한바탕 이야기가 끝나자, 나는 수진이에게 물었다. 사실은 처음부터 수진이에게 묻고 싶었던 말이었다.

"다이어트는 무슨……. 입학 준비하고 사람들 만나고 하느라 정신이 하나도 없는걸. 이제 미국 들어가면 몇 년간 한국 못 나올 거 같아서 한국에 있을 때 하고 싶은 거 다 하려고. 너도 못 만나고 가게 될까 봐 진짜 걱정했단 말이야!"

"그래, 바쁘겠다. 난 네가 예뻐져서 물어본 거야."

"하하, 고마워. 그리고 보면 만날 미드에 나오는 예쁜 언니들 보면서 신세 한탄하던 시절이 있었는데. 그래봐야 1, 2년 전이지만 꼭 옛날 일 같다."

"그러게……."

"다이어트한다고 저녁 굶고 그랬던 거 생각나? 매번 1주일도 안 돼서 실패하고 그랬잖아. 그땐 왜 그렇게 몸무게, 허리 사이즈 같은 데 집착했나 몰라."

"그럼, 요즘은 다이어트 안 해? 몸무게 신경 안 쓰여?"

"너무 바빠서 그런 데 신경쓸 겨를이 없어. 내가 원했던 대학에 입학했다는 것만으로도 가슴이 두근두근해서, 사실 잠도 잘 안 온다니까. 너도 내년엔 꼭 미국 돌아오기다! 그 나쁜 놈 때문에 괜히 네가 왜 이 고생이냐! 속상해, 정말!"

"어……. 그래야지. 지금 생각해보면 정말 한심해. 남자가 뭐라고 공부도 다 포기하고 휴학했는지, 후회돼."

하지만 나는 미국으로 돌아가지 못한 이유가 반드시 남자친구와 헤어진 것 때문만은 아니라는 사실까지는 털어놓을 수 없었다. 수진이가 나를 이상하게 생각할까봐 두렵기도 했고, 사실 창피했다.

"이제 다 잊었지?"

수진이의 물음에 내가 말없이 고개를 끄덕이자, 수진이 눈이 반짝

빛났다.

"잘됐어! 나 너한테 소개시켜주고 싶은 사람이 있거든. 소개팅 안할래?"

"소개팅?"

"그래, 일단 한번 만나봐. 너랑 잘 맞을 거야."

'과연 내가 잘할 수 있을까?'

소개팅 장소로 가는 내내 도망가고 싶은 마음을 꾹꾹 억눌렀다. 어젯밤에는 잠도 잘 오지 않았다.

그냥 한번 만나보는 거라고, 편하게 받아들이려 해도 그게 잘 안 됐다. 아침에는 몇 번이나 옷을 갈아입었는지 모른다. 하지만 오늘은 약속을 취소하고 숨어버리지도, 엄마에게 짜증을 내지도 않았다. 그것만으로도 스스로가 대견했다.

"휴……."

카페 문을 열기 전 크게 숨을 내쉬면서 몸을 풀었다. 딱딱하게 굳은 근육들을 풀고 호흡에 집중하기. 박사님에게 배운 마인드풀니스 방법 중 하나다. 호흡에 집중하다보면 긴장과 흥분이 조금씩 가라앉는다.

카페 안을 둘러보니 창가 쪽 테이블에 앉은 수진이가 보였다.

"야, 여기!"

수진이가 반갑게 손을 흔들자 수진이 맞은편에 앉은 남자가 내 쪽을 향해 고개를 돌렸다. 평범한 얼굴이었지만 왠지 모를 따뜻함이 느껴졌다.

수진이는 부산스럽게 우리를 서로 소개시키더니 다른 약속이 있다며 서둘러 일어났다. 수진이가 가고 나자 어색한 침묵이 흘렀다. 나는 무슨 말을 먼저 꺼내야 할지 몰라 고개를 푹 숙인 채 앞에 놓인 아이스 아메리카노 컵에 맺힌 물방울만 바라보고 있었다. 그러다 문득 고개를 드니, 맞은편에 앉은 남자도 나처럼 컵만 바라보고 있었다. 문득 눈이 마주쳤다. 왠지 부끄러워서 얼굴이 달아올랐다. 분명 귀까지 빨개졌을 것이다. 나는 얼굴이 쉽게 빨개지는 데다 귀까지 빨개지곤 해서 친구들이 늘 놀려댔다.

'아, 어쩌지?'

얼른 머리카락을 내려 귀를 숨기려는데 붉게 달아오른 남자의 얼굴이 보였다. 나처럼 귀가 빨갰다.

"큭."

나도 모르게 웃음이 나왔다. 나와 잘 맞을 거라던 수진이 말이 문득 떠올랐다.

우리는 둘 다 말수가 적었지만 의외로 공통점이 꽤 많았다. 간단히 커피만 마시고 헤어지려 했는데 저녁까지 같이 먹게 되었다. 잘 모르는 사람과 함께 밥을 먹는 건 몇 달 만이라서, 갑자기 긴장이 되었다.

'그냥 속이 안 좋다고 하고 차만 주문할까? 아니야, 그럼 밤에 또 폭식할지도 몰라.'

주문한 파스타가 나오자 맛있는 냄새가 코를 간지럽혔다.

'내숭 떨지 말고 그냥 먹는 거야.'

이야기를 나누며 먹다보니 어느새 접시가 깨끗하게 비었다. 스키니진이 꽉 끼는 느낌이 시간이 지날수록 심해졌다. 갑자기 울컥, 토하고 싶다는 생각이 들었다. 배 속에 꽉 찬 탄수화물 덩어리를 모두 게워내고 싶었다.

'더 뚱뚱해지면, 저 남자가 날 싫어하게 될까? 다시 다이어트 시작해? 왜 이걸 다 먹었을까, 반만 먹을걸……'

더는 대화에 집중할 수 없어, 자리에서 일어나 화장실로 향했다.

나는 심호흡을 하고, 주문을 외듯 괜찮다는 말을 자신에게 계속 던졌다.

'괜찮아, 너무 꽉 끼는 옷을 입어서 그래. 집에 가서 편한 옷으로 갈아입으면 괜찮아질 거야.'

10분 정도 지나자 한결 마음이 편안해졌다. 거울을 보니, 생각보다 내 모습이 나쁘지 않았다.

'잘될 거야!'

마음속 깊은 곳에서 그동안은 느끼지 못했던 든든함이 솟아났다.

내 힘으로 위기를 극복했다는 뿌듯함 때문인지 내 모습이 전보다 훨씬 마음에 들었다.

"바로 자신감이에요."

박사님이 말했다.

"마음속 깊은 곳에서 솟아난 든든함, 서현씨가 드디어 자기 자신을 좋아하기 시작했다는 증거지요."

'자신감?'

"진정한 아름다움은 내면에서 우러나온다는 말을 흔히 하잖아요? 오늘은 이 말에 대해 한번 얘기를 나눠볼까요? 이상적이고, 현실과는 거리가 먼 얘기처럼 느껴지지만 나는 이 말이 옳다고 생각해요."

"하지만 정말 그럴까요? 사람들은 내면보다는 외면의 아름다움을 더 좋아하는 것 같은걸요?"

"친구 수진이를 떠올려보세요. 어딘가 변한 것처럼 느껴졌다고 했죠? 혹시 당당하고 자신감 있는 모습이었기 때문은 아닐까요?"

수진이는 생기가 넘쳤고 눈은 반짝거렸다. 그 기분 좋은 느낌은 단순히 화장을 잘했거나 살이 빠져서 뿜어져 나오는 건 아닌 듯했다.

"외모에만 너무 집착하다보면 나이가 들수록 우울해져요. 왜냐하면 인간의 피부는 늙어갈 수밖에 없으니까요. 사실 외모는 사람의 일부일 뿐인데 많은 사람들이 마치 전부인 양 생각하죠."

"하지만 첫인상이라는 게 있잖아요. 아무래도 외모가 예쁘면 더 좋은 인상이 남을 거예요."

"소개팅에 나갔을 때 어땠어요? 외모만을 본다면 그 사람과 대화를 나눌 필요도 없었겠죠? 하지만 서현씨는 오늘 나에게 그 남자가 어떻게 생겼는지보다는 무슨 얘기를 나눴는지, 어떤 느낌이었는지에 대해 훨씬 더 많이 얘기했습니다. 그 사람의 외모보다 다른 것들이 더 중요했다는 증거지요."

사실 그 사람은 외모만 봐서는 너무 평범해서 아무런 인상도 남지 않을 정도였다. 그런데 난 우습게도 그 사람의 겉모습 가운데 빨개진 귀가 가장 마음에 들었다.

"예전에 만났던 남자친구가, 헤어지면서 그랬어요. 남자들은 예쁜 여자에게 자연스럽게 관심이 간다고, 그게 당연한 거라고요."

"그래요? 그럼 서현씨는 외면의 아름다움만 따지는 사람과 매력과 개성을 알아보는 사람 중 어떤 사람이 더 좋나요?"

"외모만 보는 사람은 싫어요, 당연히."

"그렇다면 옛날 남자친구의 말 따위는 신경 안 써도 되겠네요? 그리고 그 사람, 좋은 사람은 아니었던 것 같아요. 외모만 중요하게 여기는 그런 사람과는 절대 만나지 마세요!"

"큭."

순간, 박사님이 내 편이 되어 에릭을 혼내주는 것 같아 고소했다. 나를 괴롭혔던 에릭의 말이 이제 유치하게 느껴졌다. 내가 그깟 유치한 남자아이의 말에 지금껏 휘둘려왔다니, 어이가 없었다.

"자신감을 가지고, 진정 하고 싶은 공부, 하고 싶은 일을 찾아 자신을 발전시키다보면 자기만의 아름다움을 발산하게 됩니다. 그게 바로 그 사람의 매력이지요."

"매력?"

"예쁜 외모보다 멋진 매력이 훨씬 소중하고 가치 있다고 생각해요. 그리고 매력은 외모를 가꾼다고 해서 얻어지는 게 아니에요. 내면을 가꾸어야만 얻을 수 있습니다."

"내면을 가꾼다……."

"자신감도 내면을 가꾸는 중요한 도구예요. 그리고 한 가지 더, 좋아하는 일을 찾아 열심히 하는 것! 사람은 그럴 때 가장 반짝반짝 빛나거든요. 자, 이제 서현씨에게 남은 마지막 숙제가 나왔군요. 무엇일까요?"

"좋아하는 일 찾기!"

"그래요, 외면의 아름다움은 늙으면 없어지지만 좋아하는 일을 찾아 자신을 발전시키면 나이를 먹을수록 그 아름다움이 더해갈 거예요. 앞으로는 다이어트보다 훨씬 가치 있는 일에 집중하는 거예요."

'좋아하는 일 찾기라……. 내가 진정 좋아하는 일이 과연 뭘까?'

나는 내가 좋아하는 일이 무엇인지 곰곰 생각에 잠겼다. 그리고 깨달았다. 나 자신에 대해 아는 게 별로 없다는 것을. 몸무게와 칼로리, 얼굴 크기와 다리 길이는 잘 알아도, 내가 가장 좋아하는 일이 무엇인지, 내가 제일 자신 있는 과목이 무엇인지, 무엇을 할 때 행복한지는 모르는 채 살아왔다.

'아, 모르겠다. 천천히 생각할래.'

지금까지 나는 학교를 다니다 휴학한 것 외에는 다른 경험이 없다. 지금껏 내 머릿속은 온갖 다이어트 방법과 칼로리 계산법, 그리고 날씬한 여자들의 사진으로만 꽉 차 있었다. 하지만 이제야 무엇이 중요하고 무엇이 하찮은 것인지 선명하게 눈에 들어오기 시작했다.

집에 가면 인터넷에 저장된 즐겨찾기 주소들부터 지워야겠다. 온통 다이어트에 관련된 주소들뿐이니까. 그리고 내가 좋아하는 것들로 차곡차곡 채워나가야겠다. 아직은 찾지 못했지만, 분명 찾을 수 있을 것이다.

일곱 번째 방

엄마와 딸

너무 어색하다.

어떻게 해야 할지 모르겠다. 머릿속에서 또 목소리가 들리기 시작
했다.

"왜 웃었어? 넌 나쁜 애야."

현주가 넘어진 걸 보고 너무 많이 웃었나보다. 웃지 말걸, 후회가
된다. 하지만 현주가 넘어지는 걸 본 다른 아이들도 모두 웃었다. 나
도 따라 웃었을 뿐이다. 복도에서 혼자 벌러덩 넘어지는 현주 모습이
조금 우습기도 했다. 웃다보니 기분이 좋아져서 나도 모르게 다른 애
들이 모두 웃음을 멈췄을 때도 혼자 계속 웃고 있었다.

'어쩌지. 현주가 기분 나쁜가? 내가 비웃었다고 생각할까?'

현주 표정이 일그러진 것 같다. 웃고 떠들던 아이들도 갑자기 조용
해진 것 같다. 다들 나를 보고 있는 것 같다. 또 김지수 쟤가 분위기 망

쳤어, 하며 나를 비난하는 것 같다.

"김지수, 넌 나쁜 애야."

머릿속에서 목소리가 계속 들린다. 친구가 넘어진 걸 보고 웃다니 내가 나빴다. 현주한테 미안했다. 난 왜 이렇게 못됐을까. 손이 땀으로 축축하게 젖었다. 옆에 있던 애들은 하나둘 교실로 들어가버렸다. 복도에는 나 혼자 남았다.

'이럴 땐 어떻게 해야 하지? 어색해.'

수업 시작종이 울렸다. 하지만 교실에서 아이들과 함께 섞여 앉기가 너무 어색하다. 나는 터덜터덜 화장실로 향했다. 화장실에는 아무도 없었다. 휴대전화를 꺼내 엄마에게 전화를 걸었다.

"여보세요?"

엄마 목소리다. 참았던 눈물이 쏟아졌다.

"엄마……."

"지수야, 무슨 일 있어?"

"아니요, 그건 아닌데……."

"너 울어? 왜 그래? 누구랑 싸웠어?"

"그런 게 아니라……. 엄마, 나 그냥 집에 가면 안 돼요?"

"무슨 소리야? 지금 수업 시간 아니니? 너 지금 어디야?"

"화장실……."

"지수야, 뚝 그치고 얼른 교실로 들어가. 엄마 바쁘다는 거 너도 알잖아? 집에 가서 얘기하자."

"네······."

휴, 한숨이 나온다. 엄마는 항상 바쁘고 나에게 화가 나 있다. 그래
도 도움을 청할 사람은 엄마밖에 없다. 바쁜 엄마를 또 괴롭혔다는 생
각에 죄책감이 밀려든다. 그냥 집에 가고 싶다. 학교는 너무 힘든 곳
이다. 아이들은 너무 많고 친한 친구는 하나도 없다. 나 혼자 섬처럼
둥둥 떠 있는 것 같다. 아이들과 친해지려면 어떻게 해야 하는지 도무
지 모르겠다. 나도 껴서 같이 놀고 싶은데 아이들은 나를 잘 끼워주지
않는다. 늘 분위기를 깨고 재미없는 말만 해서 그런 것 같다.

나는 휴대전화를 주머니 깊숙이 숨겨 넣고 다시 터덜터덜 교실로
향했다.

**

징- 징-.

휴대전화 진동이 울린다. 지수다. 시각을 보니 한창 수업을 듣고 있
을 때다.

"엄마, 나 그냥 집에 가면 안 돼요?"

'또 시작이구나.'

지수가 중학생이 된 지 두 달이다. 잘 참고 다니는 듯하다가도 한

번씩 나에게 이렇게 전화를 한다. 울지 말고 교실로 돌아가라고 단호하게 말하긴 했지만 마음이 너무 아프다. 나를 꼭 닮은 딸이기에.

'지수야, 집에 가고 싶은 건 엄마도 마찬가지야……'

지수가 학교에서도 친구들 틈에서도 자리를 잡지 못하고 떠도는 것처럼, 나도 회사에 오면 언제나 어색하다. 사람들과 어떻게 사귀어야 할지 모르겠다. 지금도 마찬가지다.

차장님과 김대리와 함께 외근을 나가는 길이다. 김대리는 운전을 하고 박차장님은 뒷좌석에 앉아 있다. 나는 김대리 옆 앞좌석에 앉았다. 이럴 땐 무슨 얘길 꺼내야 할까?

김대리는 운전을 하면서도 싹싹하게 차장님에게 이런저런 얘기로 말을 붙이고 있다. 두 사람은 아까부터 요즘 인기리에 방영 중인 드라마 얘기에 빠져 있다. 나는 모르는 얘기다. 나는 드라마를 보지 않는다. 아니, 볼 시간이 없다. 집에 가면 두 아이와 엉망진창이 된 집이 나를 기다리고 있으니까.

나는 혼자 다니는 게 편하다. 이렇게 다른 사람들과 함께 차를 타고 어딘가로 향하는 시간이 못 견디게 어색하다.

'차라리 일 얘기를 했으면 좋겠는데……'

혼자만 아무 말 없이 앉아 있으려니 눈치가 보인다. 회사에선 늘 이런 식이다. 대화에 잘 끼지도 못하고 동료들도 날 잘 끼워주지 않는다. 동료들은 날 재미없는 사람, 일만 열심히 하는 사람으로 여긴다.

처음에는 나도 동료들과 친하게 지내고 싶었다. 하지만 노력해도 안 되는 일이 있다. 이젠 회사에 오면 그냥 묵묵히 일만 한다.

"이과장, 딸이 지금 중학생이랬지?"

뒤에서 내가 통화하는 걸 듣고 있던 차장님이 묻는다.

"네, 1학년이에요."

"애가 속 썩여?"

"아니, 그런 건 아니고…… 중학교가 좀 적응이 안 되나봐요."

대답을 하면서 얼굴이 붉어진다. 회사 사람들에게 치부를 들킨 것 같은 기분이다.

난 정말 열심히 살고 있다. 아침에는 두 아이를 학교에 보내고 출근을 한다. 퇴근하고 집에 돌아와 혼자 아이들을 먹이고 씻기고 재우고 나서 밀린 청소와 빨래를 한다. 남편은 새벽에 출근해서 밤늦게나 퇴근하기 때문에 없는 사람이나 마찬가지다. 밤늦게 혼자만의 시간이 생기면 행복하다. 하지만 잠깐 책이라도 읽을까 하다보면 어느새 스르르 잠이 든다. 이렇게 열심히 사는데도 집은 늘 엉망이고 아이들은 문제투성이다. 그리고 사실 나도, 엉망진창이긴 마찬가지다.

"이과장, 뭐 해? 안 내리고."

"아…… 네, 내려요."

차장님의 목소리에 정신을 차리고 보니, 어느새 약속 장소에 도착했나보다. 김대리의 쌀쌀맞은 표정을 못 본 체하며 차에서 내리는데,

문득 남편과도 아이들과도 제대로 대화를 나눈 지 오래되었다는 생각이 들었다.

'오늘은 지수랑 제대로 얘기를 해봐야겠어.'

*

'엄마다!'

삑삑삑, 번호키 누르는 소리가 들리더니 현관문이 달칵 열렸다.

"안녕히 다녀오셨습니까?"

나는 현관문으로 달려 나가 깍듯하게 인사를 했다. 엄마는 내 머리를 한번 쓰다듬더니 말했다.

"은수는 왔니?"

"방에서 자요."

은수는 원래 지금쯤 학원에서 돌아와야 했다. 하지만 내가 학교를 마치고 집에 돌아와보니 학원에 있어야 할 은수가 방에서 자고 있었다.

"학원 안 갔대?"

엄마 얼굴이 오늘따라 유난히 지쳐 보인다. 엄마는 한숨을 푹 쉬더니 은수 방으로 들어갔다. 엄마가 은수를 깨우는 소리, 은수가 투정 부리는 소리가 방문 너머로 들린다. 방으로 들어가보니 잠이 덜 깬 은

수가 엄마에게 짜증을 부리고 있었다.

"넌 언니가 돼서는, 자는 애를 그냥 둬? 깨워서 학원 보냈어야지!"

엄마가 나에게 화를 내고 있다.

"어…… 그게…… 은수가 자니까……. 죄송해요."

손이 금세 땀으로 축축해졌다. 내가 은수를 깨웠어야 했나보다. 하지만 아까는 그럴 생각이 전혀 들지 않았다.

'난 왜 이렇게 멍청할까?'

난 엄마와 은수가 옥신각신하는 모습을 멍하니 보고 있다가 내 방으로 돌아왔다. 조금 있으니 엄마가 저녁을 준비하는 소리가 들렸다. 또각또각, 뭔가를 썰고 있나보다.

'도와드릴까?'

하지만 생각만 할 뿐 나는 침대에 누워 휴대전화를 켰다. 그러고는 아까 오후에 받은 엄마의 문자 메시지를 다시 한번 읽어보았다.

지수야, 엄마가 그동안 지수랑 얘기를 많이 못한 것 같아. 오늘 무슨 일 있었는지 저녁에 엄마한테 얘기해줘. 이따 보자.

오늘처럼 엄마가 기다려진 적이 없었다. 엄마에게 학교에서 있었던 일을 다 말할 생각이었다. 어떻게 해야 할지 물어볼 작정이었다. 그런데 엄마는 벌써 나에 대해서는 까맣게 잊은 것 같다.

'엄마는 바쁘니까, 엄마는 힘드니까……'

"넌 나쁜 딸이야. 왜 엄마를 괴롭혀?"

머릿속에서 또 목소리가 들려왔다.

'그만해. 넌 누구야?'

"넌 틀려먹었어."

"그만해. 그만해. 그만해. 그만해!"

나는 귀를 틀어먹고 눈을 감은 채 머릿속 목소리를 향해 말했다. 목소리가 멈출 때까지.

"지수야!"

문득, 누군가 내 팔을 잡고 흔들고 있다는 사실을 깨달았다. 눈을 떠보니 엄마가 내 앞에 있었다. 엄마의 지친 눈가에 혼란스러움이 가득했다.

"지수야, 정신 차려. 너 왜 그래?"

"엄마……"

나도 모르게 소리를 질렀던 것 같다. 엄마는 부엌에서 내 말소리를 듣고 놀라, 방으로 뛰어 들어온 것이다.

"엄마, 누가 자꾸 말을 해. 내 머릿속에 누군가 있어요."

아기처럼, 엄마 품에 안겨 울고 싶었다. 하지만 엄마는 내 팔을 놓고 나를 그저 멍하니 바라보고 있을 뿐이다.

**

현관문을 열고 집으로 들어오니 잔뜩 어질러진 거실이 먼저 보였다.

'왜 치워도 늘 이 모양일까?'

보기만 해도 짜증이 난다. 회사에서 지친 몸으로 집에 돌아와도 쉴 수가 없다.

'내 꼴도 집 안 꼴도 다 엉망진창이구나.'

아까 차장님과 김대리가 나누는 얘기를 듣고 받은 충격이 아직도 가시지 않는다.

"김대리, 이과장한테 슬쩍 얘기 좀 해줘. 클라이언트 미팅 때는 옷차림에 신경 좀 쓰라고 말이야."

"차장님, 그런 얘길 제가 어떻게……. 과장님 어려운 사람인 거 차장님도 잘 아시잖아요?"

"웬만하면 이런 얘기 안 하겠는데, 좀 단정하게 입었으면 좋겠어. 동네 슈퍼 나온 것마냥 입고 다니니, 원."

"정 신경쓰이시면 차장님이 좋게 말씀해보세요. 저희가 얘기하면 금세 기분이 나빠져서 입이 쑥 나온다고요."

화장실에서 지수에게 문자만 보내고 급히 자리로 돌아가는데, 두 사람 말소리가 들려왔다. 두 사람은 내가 그렇게 빨리 돌아올 줄 몰랐던 것이다.

나는 황급히 몸을 돌려 다시 화장실에 들어갔다. 그리고 거울에 비친 내 모습을 찬찬히 뜯어보았다.

화장실에서 옷매무새를 고치는 다른 여자들은 모두 몸에 잘 맞는 옷을 깔끔하게 입고 있다. 반면에 나는 산 지 몇 년이 지났는지 모를 낡은 옷을 후줄근하게 걸치고 있다. 두 사람 말이 맞다. 나는 옷을 고를 줄도 모르고, 어떻게 입어야 맵시가 사는지, 어떤 옷이 내게 잘 맞고 어울리는지 잘 모른다. 이런 문제를 생각하면 머릿속이 하얘지면서 어쩔 줄을 모르겠다. 백화점에 가서 옷을 고르는 상상만 해도 어색하고 불편하다.

어지러운 마음을 다잡으며 겨우 미팅을 끝내고 집에 왔는데 내 앞에 어질러진 거실과 나와 똑같이 아무렇게나 걸쳐 입은 내 딸 지수가 있다. 지수는 아직도 혼자 교복을 입지 못한다. 세수나 목욕을 할 때도 내가 도와주지 않으면 어쩔 줄 몰라 한다. 오늘은 머리도 감지 않았는지 기름이 번들거린다. 짜증이 밀려왔다.

"은수는 왔니?"

지수가 우물거리며 은수가 학원을 빠지고 자고 있다고 했다. 둘째 딸 은수는 나나 지수와는 다르게 야무지고 똘똘하다. 사교성도 좋아서 학교에서도 아이들과 잘 어울린다. 지수를 보다가 은수를 보면 마음이 환해진다. 그래서 자꾸만 은수를 더 챙기게 되는지도 모른다. 하지만 은수는 버릇없는 딸로 자랐다. 제멋대로 고집을 부릴 땐 누구도 꺾지 못한다.

나는 한숨을 쉬며 은수 방으로 향했다.

"은수야, 일어나. 엄마 왔어."

은수를 흔들어 깨우는데 지수가 쭈뼛쭈뼛 방으로 들어왔다. 순간 나도 모르게 속에 쌓여 있던 분노가 폭발하고 말았다.

"넌 언니가 돼서는, 자는 애를 그냥 둬? 깨워서 학원 보냈어야지!"

지수 얼굴에 그늘이 지는 게 보였다. 마음은 그게 아닌데 왜 지수를 보면 짜증부터 나는지 모르겠다.

겨우 은수를 깨우고 나서, 저녁을 준비하기 시작했다. 식사 준비는 내가 제일 좋아하는 집안일이다. 청소나 빨래, 설거지보다는 요리가 훨씬 좋다. 맛있게 먹는 딸들의 모습을 보고 있으면 행복하다는 생각이 들 때도 있다.

그때 갑자기 지수 방에서 비명 소리와 함께 지수 말소리가 들렸다. 나는 지수 방으로 뛰어갔다. 지수는 눈을 감고 양손으로 귀를 틀어막은 채 큰 소리로 마치 주문을 외듯 같은 말을 반복하고 있었다.

"그만해. 그만해. 그만해. 그만해!"

"지수야!"

나는 지수의 양팔을 붙잡고 흔들었다. 지수는 겨우 정신을 차린 듯 눈을 떠서 나를 보고는 깜짝 놀랐다.

"지수야, 정신 차려. 너 왜 그래?"

곧 지수 눈에 눈물이 그렁그렁 맺혔다. 나는 지수를 품에 꼭 안아주고 싶었지만 마음과는 달리 몸이 움직이질 않았다. 이럴 땐 애정 표현에 서툴고 무뚝뚝한 내 성격이 원망스럽다.

지수가 불안정한 건 사실이다. 하지만 이런 모습은 처음이었다. 지수가 왜 이러는 걸까? 내가 뭘 잘못한 걸까?

*

귀신이라고 생각했다. 내 머릿속에 귀신이 살고 있다고. 하지만 클리닉에서 만난 선생님은 귀신이 아니라고 했다. 그건 내 목소리라고. 또다른 나 자신의 목소리.

'어떻게 그럴 수 있지?'

사실 지금도 이해는 잘 안 된다. 하지만 선생님은 내가 속마음을 선생님과 엄마에게 털어놓고 나면 목소리가 사라질 거라고 했다. 선생님은 친구를 사귈 수 있게 도와주겠다고도 했다.

"그렇게 되면 좋겠어요."

친구가 생기면 좋다. 그러면 학교도 재미있어질 것이다. 학교에 적응을 못해 엄마를 괴롭히는 일도 줄어들 것이다. 그럴 수만 있다면, 선생님이 시키는 건 뭐든 열심히 하겠다.

선생님은 엄마와는 잘 지내는지, 학교생활은 어떤지 자세하게 물어봤다. 초등학교에 다닐 땐 어땠는지, 목소리는 언제부터 들려왔는지도. 대답하기가 너무 어려워서 손에 땀이 축축하게 배어나왔다.

초등학교 다닐 때도 나는 친구가 없었다. 왕따를 당해서 전학을 간 적도 있다. 아이들과 함께 어울리려면 어떻게 행동해야 하는지 잘 모르겠다. 하지만 혼자 있는 건 싫다. 아이들 무리에서 떨어져 나와 혼자 있으면 불안하고 어색해서 견딜 수가 없다.

학교에 다니기 전에도 난 누군가와 같이 있는 시간보다는 혼자 있는 시간이 더 많았다. 혼자 있을 땐 목소리가 들려왔다. 나는 그 목소리를 친구라고 여겼다. 비밀 친구. 친구와 나는 함께 노래를 부르기도 하고 인형 놀이를 하기도 했다. 가끔은 엄마 얘기, 동생 얘기를 털어놓기도 했다. 그런데 어느 순간부터 친구는 나를 야단치기 시작했다. 나쁜 애라고, 엄마를 괴롭히는 못된 딸이라고.

혼자 있을 때만 찾아오던 그 목소리는 언제부턴가 내가 아이들과 얘기를 나눌 때도 느닷없이 들려오기 시작했다.

"네 생각이 틀렸을걸? 너 때문에 쟤 화났어."

이런 목소리가 들려올 때면 나는 멍해진다. 친구들은 갑자기 내가 멍하니 대답이 없으면 이렇게 말한다.

"야, 답답하게 왜 그래? 암튼 분위기 망치는 덴 뭐 있다니까."

아이들은 자기들끼리 삼삼오오 무리지어 가버린다. 곧 나는 외톨이가 된다.

"현주한테 미안하고…… 너무 어색했어요."

며칠 전 현주가 넘어졌을 때 일을 선생님에게 말했다. 그런데 선생님은 뜻밖에도 이렇게 물었다.

"현주가 정말 기분이 나빴을까?"

사실 그날 이후 현주를 피하고 있었다. 사과를 해야 할지 말아야 할지, 사과를 한다면 뭐라고 해야 할지 알 수가 없었기 때문이다. 또 현주가 그날 일로 나를 싫어하게 된 건 아닐까 겁도 났다.

"현주한테 한번 물어보는 건 어때?"

"어떻게 물어봐야 할지 잘 모르겠어요."

"내가 그날 너무 많이 웃어서 혹시 기분 나빴니? 이렇게."

나는 선생님과 함께 이 말을 계속 연습했다. 선생님은 현주에게 물어보는 것을 숙제로 내주었다. 잘할 수 있을까? 선생님 말로는 현주가 기분 나빴다는 건 나 혼자 생각일 수도 있다는 거다. 계속 피하기만 하면 확인할 수도 없고 확인하지 못하면 결국 현주와는 영영 멀어질 것이다.

"혼자 판단하지 말고 친구에게 한번 물어봐. 다른 사람의 마음을 혼자 짐작하거나 판단하는 건 좋지 않거든."

숙제를 꼭 하기로 선생님과 약속했다.

'내일 현주한테 물어봐야지.'

내 치료 시간이 끝난 뒤 선생님 방으로 들어간 엄마를 기다리며 나는 머릿속으로 계속 선생님과 연습한 말을 떠올렸다.

**

박사님과 면담을 마치고 나오는데 지수가 골똘히 생각에 잠긴 듯 손톱을 물어뜯고 있다.

"지수야, 손톱!"

지수는 내 눈치를 보며 얼른 손을 등 뒤로 숨긴다.

어렸을 때 내 모습과 어쩌면 이렇게 닮았는지. 나도 어렸을 때는 손톱 물어뜯는다고 야단을 많이 맞았다. 그리고 늘 눈치를 봤다. 박사님에게 어린 시절부터 지금까지 살아온 이야기를 다 털어놓은 직후라서인지 지수의 행동 하나하나가 다 가슴이 아프게 눈에 들어왔다.

엄마가 돌아가신 뒤 나는 새엄마 손에서 자랐다. 겨우 일곱 살이었던 나는 늘 엄마 품이 그리웠지만 새엄마는 한 번도 나를 따뜻하게 안아주지 않았다. 도시락도 준비물도 제대로 챙겨준 적이 없었다. 내 옷은 늘 때가 꼬질꼬질했고 손톱 밑은 까맸다. 돌이켜보면 나는 늘 불안했고 엄마가 화를 낼까봐 눈치를 봤다. 지금 지수처럼.

"엄마가 불안하고 불행하기 때문에 아이도 불안한 겁니다."

박사님은 이렇게 말했다.

"하지만 전 정말 열심히 살고 있어요. 더 어떻게 잘해요? 회사일도 열심히 하고 집안일도, 아이들 뒤치다꺼리도 다 저 혼자 하는걸요. 얼마나 힘든지 아세요? 회사에서도 정말 열심히 일하는데 동료들은 뒤에서 수군거리기만 해요. 절 인정해주는 사람은 하나도 없어요. 집에 돌아오면 애들은 애들대로 이거 해달라 저거 해달라, 남편은 늘 늦게 들어오니 없는 사람이나 마찬가지고……."

마음속에 쌓여 있던 불만이 터져 나왔다. 가끔 동료들과 대화를 나눌 때도 어느샌가 이렇게 불평만 늘어놓는 나를 발견하게 된다. 하지만 멈출 수가 없다.

"과장님, 그렇게 힘들면 하지 마세요. 전 정말 이해가 안 돼요. 만날 힘들어, 힘들어 그러면서 일은 혼자 다 하려고 하시잖아요. 그러니까 사람들이 과장님한테 착한 척한다는 둥 윗사람한테 잘 보일 생각만 한다는 둥 그러는 거라고요."

한번은 김대리가 이렇게 비꼰 적도 있다.

회사에서 스트레스를 받고 집에 오면 늘 지수에게 짜증을 내거나 큰 소리로 화를 내게 된다. 생각해보니 지수를 따뜻하게 안아준 지가 언제인지 까마득하다.

"새엄마가 절 학대했듯 지수를 학대하고 있는 것만 같아요. 제가 왜 이럴까요?"

"엄마가 먼저 행복해져야 해요. 그러기 위해서는 어린 시절 받은 상처도 치유하고 대인관계도 회복하도록 노력해야죠."

지수의 손을 잡고 클리닉을 나왔다. 봄 햇살이 우리를 따뜻하게 감싸주는 것만 같다.

'벌써 5월이구나······.'

날씨에 비해 지수가 입은 옷이 너무 두꺼워 보였다. 그러고 보니 나도 초겨울 옷을 여태 걸치고 있다.

'지수를 나처럼 만들진 않을 거야. 끝까지 지켜줄 거야. 난 지수 엄마니까.'

오랜만에 지수 얼굴을 바라보며 활짝 웃었다.

"지수야, 날씨 참 좋다. 그치?"

"네."

지수가 고개를 끄덕이고는 나를 마주보고 웃는다.

*

벌써 10분째다. 아기 고양이는 자동차 밑으로 기어 들어간 뒤 나올 생각을 않는다.

'분명히 절뚝거렸는데······.'

이야—옹, 이야—옹.

자동차 밑에서 고양이 소리가 계속 들린다. 밖으로 나오게 하려고 슈퍼에서 소시지를 사서 타이어 앞쪽에 조금 떨어뜨려놓았다. 밖으로 나오면 많이 다쳤는지 확인해볼 셈이다. 많이 다쳤다면 동물병원에 데려가야 할 텐데, 잘할 수 있을지 모르겠다. 하지만 이대로 못 본 척 그냥 갈 수는 없다.

"앗!"

휴대전화를 확인해보니 벌써 4시 20분이다. 4시에 클리닉에서 선생님과 만나기로 했는데 너무 늦어버렸다. 나는 자동차 밑을 다시 한 번 살펴보고는 클리닉을 향해 뛰기 시작했다.

"헉헉, 늦어서 죄송합니다."

꾸벅 인사를 하고 선생님 방으로 들어갔다. 선생님은 나를 보더니 웃으면서 이렇게 물었다.

"지수 손에 뭐가 한가득이네?"

정신을 차려보니 손에는 휴대전화와 지갑, 고양이에게 주려고 산 소시지, 휴지가 들려 있다. 주머니에 휴대전화를 넣으려고 보니, 이미 동전과 볼펜, 수첩으로 꽉 차 있다.

"아……, 네."

너무 어색하다.

'이럴 땐 어떻게 해야 하지?'

손에 든 물건들을 어떻게 해야 할지 모르겠다.

"지수야, 일단 손에 든 거 테이블에 내려놓고 앉아봐."

선생님은 자리에서 일어나더니 소파 앞 테이블 위에 책과 노트, 볼

펜, 메모지 등 방에 있는 물건들을 막 쌓기 시작했다.

'왜 이러실까?'

나는 어리둥절한 채 그냥 선생님을 바라보고만 있었다. 선생님은 나를 보며 싱긋 웃더니 이렇게 말했다.

"다 됐다! 이제 지수랑 같이 게임을 하나 할 건데, 잘할 수 있지?"

"무슨 게임인데요?"

"테이블 위에 놓인 물건들 정리하기!"

'아, 어떡하지······'

나는 정리정돈을 못한다. 그래서 내 방과 책상은 늘 엉망진창이다. 학교에서도 정리정돈 못한다고 늘 야단을 맞는다. 선생님은 내 얼굴을 보더니 말을 이었다.

"지수야, 이건 게임이니까 못해도 괜찮아. 퍼즐이라고 생각해보자. 비슷한 색깔끼리 모아도 돼고, 비슷한 크기끼리 정리해도 돼. 아니면 쓰임새에 따라서 정리해도 좋고. 내키는 대로 한번 해봐."

정리정돈이 퍼즐이라니, 순간 눈이 번쩍 뜨이는 것 같았다.

'그렇게 생각해볼 수도 있구나.'

나는 테이블 위에 놓인 물건들을 보며 곰곰이 생각해봤다.

'책은 책끼리 모으고, 노트도 책이랑 비슷하게 생겼으니까 책이랑 같이 모으고······. 그럼 컵이랑 볼펜은 어떡하지?'

새삼스럽게 선생님 방을 둘러보았다. 깨끗하게 정리된 선생님 책상이 눈에 들어왔다. 한쪽에 책 서너 권이 가지런히 놓여 있고 컴퓨터 옆에는 연필꽂이와 메모지가 놓여 있었다. 다른 사람들이 어떻게 정리정돈을 하는지 눈여겨본 건 이번이 처음이었다.

'그래, 그렇게 하면 되겠다.'

나는 자리에서 일어나 책이랑 노트를 크기에 맞춰 가지런히 쌓은 다음 선생님 책상에 올려놓았다. 볼펜은 연필꽂이에 꽂고 메모지도 놓인 곳에 함께 두었다. 그러고 나니 테이블 위에는 내가 아까 손에 들고 있던 물건들만 남았다.

'이건 어쩌지……'

휴대전화를 주머니에 넣으려 했는데, 주머니가 꽉 차 있던 게 생각이 났다. 나는 일단 주머니에 들어 있던 동전과 수첩 들을 몽땅 테이블 위에 꺼내놓았다. 그런 다음 휴대전화를 주머니에 넣었다. 다시 박사님 방을 둘러보니 책상 옆에 휴지통이 보였다. 휴지와 껌 종이를 휴지통에 버리고 가방에서 지갑을 꺼내 동전을 넣었다.

생각해보니 나는 늘 가방과 지갑을 들고 다니면서도 가방에 물건을 잘 정리해서 넣고 다녀야겠다는 생각을 해본 적이 없었다. 가방을 활짝 열어보니 언제 먹었는지 기억도 안 나는 과자봉지와 까맣게 변한 지우개, 사탕이 바닥에 굴러다니고 있었다. 나는 그것까지 모두 휴지통에 버린 다음 수첩과 지갑을 가방 안에 집어넣었다.

테이블 위가 깨끗하게 치워졌다.

가만히 지켜보고 있던 선생님이 그제야 말문을 열었다.

"정말 잘했다, 지수야. 지금 기분이 어때?"

"왠지 모르겠지만 홀가분해요. 날아갈 것 같아요."

정말 그랬다. 깨끗한 테이블처럼 내 마음도 가뿐했다.

"지난번에, 제일 자신 있는 일과 자신 없는 일 얘기했었잖아. 제일 자신 없는 일 중 하나로 정리정돈을 썼었는데, 기억나?"

"네, 기억나요."

"그런데 오늘 보니 아주 잘하는데? 어떻게 된 거야?"

"이렇게 정리해본 건 오늘이 처음이에요. 선생님이 퍼즐이라고 하시니까…… 갑자기 머릿속에 딱 불이 켜지는 것 같았어요."

"그랬구나. 그럼 오늘 집에 가면 지수 방도 이렇게 잘 정리할 수 있겠구나?"

"한번 해볼게요."

"그래, 그럼 오늘부터 숙제 하나! 방 정리정돈하기. 그리고 정리정돈하는 일에 익숙해지면 조금씩 엄마를 도와서 거실도 정리해보고 부엌도 정리해보고 하는 거야. 엄마는 회사일 하느라 바쁘시니까 지수가 정리하는 거 도와드리면 정말 좋아하시겠다. 어때?"

"네, 좋아요!"

내가 정리정돈을 잘하게 되면 엄마는 분명 좋아하실 거다. 나는 벌써부터 가슴이 두근거렸다.

"지수야, 그냥 정리만 했을 뿐인데도 마음이 가뿐해졌잖아. 정말 신기하지 않니?"

나는 고개를 끄덕였다. 불안하고 움츠러들었던 마음이 나도 모르는 사이에 편안해졌던 것이다.

"선생님은 지수가 마음도 한번 정리정돈을 했으면 좋겠어. 선생님이랑 같이."

'마음을 정리정돈하려면 어떻게 해야 할까?'

나는 궁금한 마음에 말없이 고개만 끄덕였다. 선생님이 동그라미가 여러 개 그려진 종이를 가져와 내 앞에 놓았다.

"자, 이제 이 종이에 지수 마음을 정리정돈할 거야. 동그라미들 보

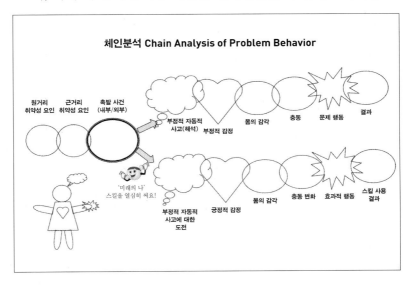

이지?"

"네."

"이건 체인분석이라고 해. 지수 마음속에 있는 걱정, 근심이나 학교에서 있었던 일, 어려웠던 일을 이제 이 동그라미 속에 차근차근 적으면서 같이 정리해보는 거지. 그러면 선생님도 지수 마음을 더 잘 이해할 수 있어. 지수도 동그라미를 다 채우고 난 다음에 읽어보면 내 마음이 이랬구나 하고 들여다볼 수 있지. 한번 해볼까?"

종이에는 동그라미 여러 개가 서로 맞물린 채 나란히 그려져 있었다. 여기에 뭘 적으라는 건지 혼란스러웠다. 다시 손에서 땀이 나기 시작했다.

"긴장할 거 없어. 참, 숙제 검사 먼저 해야겠다! 현주랑은 잘 얘기해봤니?"

"네……."

"그럼 현주와 있었던 일을 동그라미 속에 써가면서 천천히 정리해볼까?"

나는 고개를 숙이며 고개를 끄덕였다. 어제 일을 생각하니 얼굴이 확 달아올랐다.

지난주에 선생님과 상담을 한 뒤, 나는 학교에 갈 때마다 현주에게 말을 걸 기회만 엿보고 있었다. 하지만 막상 말을 걸려고 하면 용기가 안 났다. 그래서 어제 점심시간에야 겨우 용기를 내 현주에게 다가갔던 것이다. 현주는 복도에서 혼자 이어폰을 꽂고 음악을 듣고 있었다.
나는 머뭇거리며 현주에게 말했다.

"현주야, 혹시 화났어?"

"뭐? 뭐라고?"

현주는 귀에서 이어폰을 빼더니 귀찮다는 듯 되물었다.

"아니……. 지난주에 너 넘어졌잖아. 그때 혹시……. 기분 나빴어?"

"야, 내가 언제 넘어졌다고 그래? 아, 맞다. 지난주에 복도에서 넘
어졌었나? 근데 그게 왜?"

"어, 그때 내가 웃어서 혹시 너 기분 나빴을까봐……."

"너도 그거 봤냐? 아 쪽팔려. 근데 그런 얘길 난데없이 왜 해? 잊어
버리고 있었는데, 너 진짜 엉뚱하다."

현주는 입을 삐죽거리더니 고개를 휙 돌리고 가버렸다. 나는 현주
의 뒤통수를 멍하니 바라보기만 했다.

정신을 차리고 보니, 복도에는 나 혼자뿐이었다. 모두 삼삼오오 짝
을 지어 교실로 들어가고 있었다.

나는 동그라미를 하나하나 채워가며 천천히 선생님에게 이야기를
했다. 내 얘기를 다 듣고 선생님은 이렇게 물었다.

"지수 기분은 어땠어?"

"괜히 현주한테 그런 얘길 해서…… 현주한테 미안했어요."

"그리고?"

"어…… 바보가 된 것 같았어요."

"그럼 여기 올 때도 기분이 별로 안 좋았겠네?"

"네……. 친구들과 함께 어울리고 싶은데, 전 늘 혼자예요."

문득 아까 절뚝거리며 내 앞을 지나가던 아기 고양이가 떠올랐다. 잘 있을까……? 바보같이 혼자 남은 내 모습을 보는 것 같아서 그냥 지나칠 수가 없었다.

"전 둔하고 엉뚱하고, 그래서 왕따가 될 수밖에 없어요."

나는 고개를 푹 숙인 채 한숨을 쉬었다.

"지수야, 선생님은 이렇게 생각해. 엉뚱한 건 재미있는 거고 네 개성이야."

"제 개성이요?"

"응, 주변 친구들을 보면 다들 개성이 있잖아? 누군 착하고, 누군 잘 웃고, 누군 화를 잘 내고……. 지수는 엉뚱한 아이인 거야. 엉뚱하니까 재미있고 다른 사람들이 미처 생각하지 못한 걸 생각해내고! 엉뚱한 걸 너의 단점이 아닌 장점으로 만들어보는 게 어때?"

'엉뚱한 게 내 장점이라고?'

피식, 웃음이 나왔다.

"엉뚱한 거라면 자신 있어요."

나는 작은 목소리로 말했다. 왠지 재미있을 것 같은 예감이 들었다.

선생님은 가만히 내 눈을 바라보더니 다정한 목소리로 물었다.

"지수야, 혼자 있는 게 쓸쓸하고 싫어?"

"네, 저도 친구들이랑 같이 수다 떨고 몰려다니고 싶어요."

"하지만 자세히 보면 다른 아이들도 혼자 있는 시간이 있을걸? 언제나 친구들과 붙어 있진 않을 거야. 그렇지 않을까?"

"모르겠어요……."

"이렇게 해보자. 혼자 남게 되면, 지수가 좋아하는 활동을 하면서 그 시간을 보내는 거야. 다른 사람들 신경쓰지 말고, 그 좋아하는 활동에 집중하다보면 시간이 금세 지나갈걸?"

"좋아하는 활동이요?"

"그래, 지수가 좋아하는 건 뭐지? 뭘 할 때 즐겁고 행복해?"

"음……. 그림 그릴 때요. 엄마는 싫어하시지만요……."

선생님 얼굴에 의아하다는 표정이 스쳤다.

"엄마가 왜 싫어하실까?"

"그림 그리느라고 너무 늦게 자고 숙제도 안 하고 그런다고요. 전 그림 그리는 게 정말 좋은데, 엄마는 내가 너무 느려서 답답하대요."

"그랬구나. 그럼 지수야, 이렇게 해보자. 학교에서 혼자 남을 때, 어색하거나 쓸쓸하면 그림을 그리는 거야. 낙서처럼. 하지만 친구가 말을 걸거나 수업이 시작되면 중단하는 거야. 어때? 할 수 있을까?"

"네, 그런데 집에서도 그림 그려도 돼요?"

"그리고 싶니?"

"네."

나도 모르게 목소리가 커졌다.

"그래, 그럼 지수가 그림 그리는 걸 엄마가 좋아할 수 있도록 방법을 찾아보자. 알았지? 엄마랑 선생님이 한번 얘기해볼게."

"와!"

나는 선생님을 마주 보고 활짝 웃었다.

**

클리닉을 다닌 지 벌써 석 달이 흘렀다. 지수가 조금씩 달라지기 시작했다. 예전엔 늘 자신 없이 움츠러들어 있어, 그 모습이 안쓰럽기도 하고 짜증나기도 했었다. 그런데 요즘은 웃는 얼굴로 나를 마주보는 순간이 부쩍 많아졌다.

"클리닉 다니는 거 힘들지 않아?"

"처음엔 조금 그랬는데 이젠 괜찮아요. 선생님이 정말 좋아요."

웃는 얼굴로 나를 마주보며 이렇게 대답하는 지수의 얼굴을 찬찬히 뜯어보았다.

"우리 지수, 예뻐졌구나?"

"헤헤헤. 엄마, 숙제하시는 거죠?"

"아니야, 숙제는 이따 또 해줄게. 이건 엄마의 진심."

"헤헤헤헤."

박사님은 우리 모녀에게 여러 가지 숙제를 내주었다. '하루에 한 번씩 서로 칭찬해주기'도 지난달부터 박사님이 내준 숙제 중 하나다. 서로 다정하게 속내를 얘기한 적 없던 우리는 숙제 덕분에 "고마워" "잘했어" "예쁘네"라는 따뜻한 말과 부쩍 친해지게 되었다. 그리고 깨달았다. 내 소중한 딸에게 이렇게 좋은 말들을 제대로 들려준 적이 없었다는 사실을.

우리는 게임을 하듯 정리정돈하기 숙제를 함께 하고, 여러 가지 규칙도 정했다. '그림 그리는 시간'도 박사님의 지도에 따라 우리가 정한 규칙 중 하나다. 지수는 1주일에 두 번 자기가 정한 시간에 그림을 그릴 수 있다. 나는 지수가 그림에 집중할 수 있도록 간섭하지 않는다. 그 대신 나도 그 시간에 집안일도 회사일도 아닌 내가 하고 싶은 일을 한다. 텔레비전을 볼 때도 있고, 따뜻한 커피를 마시며 책을 읽기도 한다. 1주일에 두 시간이지만 나와 지수에게는 가장 소중한 시간이자 휴식의 시간이다.

나는 박사님과 함께 체인분석을 하면서 그동안 나의 생각과 행동이 어떤 패턴이었는지 깨닫게 되었다. 내가 잘못한 일이 아닌데도 언제나 먼저 사과하고, 그런 다음 속상해서 상대방을 미워하곤 했다. 하지만 체인분석을 통해 차근차근 사건을 따라가보면 아무것도 아닌 일일 때가 많았다. 지수도 체인분석을 하면서 자기 행동을 되돌아보게 되었다고 했다.

"엄마, 참 신기해요. 무슨 일이 있었는지 선생님이 시키는 대로 동그라미 안에 차근차근 쓰다보면, 속상했던 마음도 다 풀리는 것 같아요. 엄마도 그래요?"

클리닉에서 집으로 가는 길이면 지수가 눈을 반짝반짝 빛내며 이렇게 묻곤 했다. 나는 지수의 손을 꼭 잡고 고개를 끄덕였다.

박사님은 내게 타인과 소통하는 방법도 하나씩 깨우쳐주었다.

"DBT에는 감정을 다스리고 대인관계 능력을 향상시킬 수 있는 여러 가지 스킬들이 있어요. 쉽게 말하면, 자신의 마음 상태를 파악하고 다른 사람에게 잘 표현하는 법을 배우는 거예요."

DBT 스킬들을 하나하나 머릿속에 저장한 뒤 나는 조금씩 생활에서도 쓸 수 있게 되었다. 그러면서 깨달았다. 내가 얼마나 내 감정에 무심했는지를. 늘 남의 눈치만 보고, 다른 사람이 나를 어떻게 생각하는지만 신경썼을 뿐, 정작 나에 대해서는 너무나 무심했던 거다.

이젠 회사에서도 집에서도 조금씩 나의 마음을 표현하고 있다. 그랬더니 늘 나를 짓누르던 짜증과 자괴감이 조금씩 사라지는 것 같다. 요즘은 클리닉에 갈 때마다 내가 적용한 스킬들과 그 결과에 대해 박사님과 대화를 나누고 있다.

"회사에서 FAST 스킬을 썼어요. 드디어!"

나는 자리에 앉자마자 박사님을 향해 며칠 전 회사에서 있었던 일을 쏟아내기 시작했다.

"아, 잘하셨어요. 어떤 상황이었는지 한번 들어볼까요?"

박사님은 빙긋 웃으며 내 이야기를 듣고 있다.

"늘 그렇듯, 며칠 전에도 김대리가 나한테 골치 아픈 거래처 얘기를 하면서 불평을 늘어놓더라고요. 내가 일부러 어려운 일을 맡겼다는 얘기처럼 느껴져서 기분이 나빴어요."

"그랬군요."

"하지만 사실 김대리는 그 거래처가 골치 아프다는 말만 했을 뿐, 나를 비난하는 말을 하진 않았거든요. 제가 마음속으로 김대리의 말을 나쁜 쪽으로 판단한 거죠."

"그래요, 무판단적인 마음을 가지게 됐네요?"

"네, 그리고 FAST 스킬을 떠올렸어요. 'Fair, 공정하게 보자' 하고 생각하고 상황을 판단해보니 김대리 입장에서는 속상할 수 있겠지만 그렇다고 내가 일부러 김대리에게 어려운 일을 시킨 건 아니라는 생각이 들었어요. 그랬더니 괜한 죄책감이나 미안함이 사라지면서 마음이 좀 편해졌어요."

"그래요, 예전 같으면 그런 상황에서……."

"'미안해, 괜히 내가 어려운 일을 맡겨서'라면서 사과했겠죠. 하지만 내가 사과할 일이 아니라는 걸 깨달은 거예요."

"좋아요, FAST 스킬의 두 번째, 사과하지 않기^{no Apologies}를 아주 잘 적용했어요."

박사님의 칭찬에 나는 괜히 마음이 뿌듯해지는 걸 느끼며 말을 이었다.

"김대리는 은근히 제가 그 일을 대신 처리해줬으면 하더라고요. 사실 예전에는 제가 관리하던 거래처였거든요……. 그렇지만 일을 하다보면 어려울 때도 있고 쉽게 풀릴 때도 있는 거잖아요. 일단 맡은 일은 잘 풀리도록 노력하고 견뎌야지 남에게 떠넘기는 건 옳지 않다고 생각했어요."

"그래요, 자신의 가치관 지키기^{Stick to Values}, FAST 중 S 단계로 넘어왔군요."

"네, 하지만 이런 생각을 말로 꺼내기가 좀 어려웠어요. 자칫……."

"김대리를 비난하게 될까봐요?"

나는 고개를 크게 끄덕였다.

"네, 박사님. 그래도 마지막 단계를 기억하고 있었거든요. Truthful, 진솔하게. 일이 많다거나, 나도 잘 못하겠다거나 하는 변명은 하면 안 되겠다는 생각이 들었어요. 그래서 그냥 이렇게 말했어요. 잘 해결될 테니까 너무 걱정 말고 담당자를 잘 설득하라고요. 그 업체가 까다롭게 굴긴 하지만 일처리는 깔끔한 곳이라고 알려줬어요."

"아주 잘 말했네요."

나는 시험 문제를 맞혀 칭찬을 받은 학생처럼 박사님의 칭찬 한마디 한마디에 기분이 들떴다.

"그냥 있는 사실을 그대로 말했을 뿐인데도 홀가분했어요. 김대리도 그리 기분 나쁜 것 같지 않았고요. 오히려 조금 놀라는 눈치였다니까요."

"하하, 그랬겠어요."

박사님은 통쾌하다는 듯 큰 소리로 웃었다.

"이렇게 말하면 되는구나 하는 생각이 드니까 요즘은 자신감도 생기는 것 같아요. 예전엔 괜히 주눅 들고 눈치 볼 때가 많았거든요. 제가 좀…… 예민해서 다른 사람들이 무심히 하는 말도 그냥 넘기질 못했으니까요."

하지만 이제는 안다. 내가 많이 달라졌다는 것을. 박사님은 나를 따뜻한 눈빛으로 바라보다가 이렇게 물었다.

"그게 잘못일까요?"

"네?"

"예민하다는 거 말이에요. 잘못된 걸까요?"

나는 잠시 생각에 잠겼다. 예민한 내 성격이 나는 늘 싫었다. 다른 사람들도 그래서 나를 싫어할 거라고만 여겼다. 하지만 예민함은 나의 일부분이다. 그게 잘못된 걸까?

"음……. 어쩔 수 없는 제 일부분인 것 같아요."

"그래요, 맞아요."

"하지만……."

나는 문득 얻은 깨달음에 가슴이 먹먹해진 채 말을 이었다.

"하지만, 잘못은 아니라고 생각해요. 지금까진 예민한 제 성격이 잘못된 거라고 생각해왔지만……. 이젠 그렇게 생각하지 않으려고요."

*

엄마가 선생님 방에서 나오자마자 나는 선생님 방으로 뛰어 들어갔다.

"선생님, 저 친구 생겼어요! 헤헤."

"우아, 어떤 친구야? 어떻게 사귀었어?"

엄마와 함께 클리닉에 오는 내내 선생님에게 이 얘기를 할 생각에 들떠 있었다.

"그림 그리다가요. 기현이라고, 제 뒷자리에 앉는 앤데요, 쉬는 시간에 같이 낙서하고 놀다가 친해졌어요."

"우아, 너 그림 잘 그리네? 몰랐는데……."

기현이는 내 낙서를 한참 보더니 이렇게 말했다.

"잘 그려? 헤헤헤."

"응, 너도 내가 그린 거 볼래?"

기현이는 스스럼없이 자기 노트를 펼치고는 자기가 그린 그림을 한 장 한 장 보여주며 말했다.

"난 만화가가 될 거야."

"어, 그래?"

"너도 그림 그릴 거야? 예고 가려고?"

"어……?"

그냥 심심해서 그리는 거라는 말은 차마 못했다. 기현이가 잔뜩 기대에 찬 눈빛으로 나를 보고 있었기 때문이다.

"아직 잘 모르겠어……."

하지만 기현이는 벌써 내가 예고 동창이라도 된 듯, 잘됐다는 둥 이제 같이 그림 그리면 되겠다는 둥 온갖 계획을 늘어놓기 시작했다. 나도 모르는 사이, 나는 기현이와 함께 예고에 입학하는 것이 목표가 되어 버렸다.

"하하, 그랬구나. 하지만 지수도 기현이랑 같이 그림 그리는 게 싫지만은 않았나보네?"

"네……. 하지만 진로를 심각하게 생각해본 적이 없어서, 예고 같은 데를 제가 갈 수 있을지 모르겠어요."

나는 머리를 긁적이며 말을 이었다.

"하지만 그림 그리는 건 재미있어요."

선생님은 흐뭇하다는 표정으로 나를 바라보더니 이렇게 물었다.

"그래도 새로운 목표가 생겼잖아, 안 그래?"

"네, 엄마랑 아빠도 내가 열심히 할 각오가 되어 있다면 무조건 찬성이래요."

"하하, 지수 너 벌써 신난 것 같은데?"

"헤헤헤."

기현이라는 친구가 생긴 것도, 매일 함께 그림을 그리게 된 것도 즐거웠다. 무엇보다 기쁜 건 마음껏 그림을 그릴 수 있게 되었다는 사실이다.

"엄마랑은 요즘 어떻게 지내?"

"음……. 엄마가 칭찬을 자주 해주셔서 기뻐요. 제가 이제 정리정돈도 잘하고, 학교 갈 준비도 혼자서 잘하니까요. 엄마가 저를 더 좋아해주는 것 같아요."

엄마 얘기를 하려니 얼굴이 빨개지는 것만 같다. 엄마가 칭찬을 해줄 때마다 나는 몸이 붕 떠오르는 것처럼 기분이 좋다.

엄마와 함께 집으로 돌아가는 길이다. 언젠가부터 엄마는 함께 길을 걸을 때면 손을 꼭 잡아준다. 나는 엄마 손이 따뜻해서 참 좋다.

"지수야, 안 추워? 어느새 겨울이네……."

"안 추워요. 헤헤."

"지수 장갑 챙겨줬어야 했는데, 엄마가 또 깜박했다. 미안해."

엄마가 내 손을 더욱 꼭 쥔다.

"엄마, 저 장갑 어디 있는지 알아요. 지난번에 방 청소할 때 제가 꺼내놨어요."

엄마가 깜짝 놀라서 묻는다.

"정말?"

"네, 저 이제 혼자서 정리정돈도 잘하고 교복도 잘 챙겨 입잖아요."

"지수야, 이제 머릿속에서 목소리 안 들려? 예전엔 누가 말하는 소리가 들린다고 했잖아."

'아, 그랬었지!'

처음 클리닉을 찾았을 때만 해도 나는 머릿속에서 들려오는 이상한 목소리 때문에 겁을 잔뜩 먹었었다. 하지만 어느샌가 목소리는 사라져버렸다. 엄마가 내 손을 꼭 잡고 걷고 있는 한, 이상한 목소리는 다시 내게 찾아오지 못할 것이다.

"지수야!"

엄마가 갑자기 걸음을 멈추더니 환하게 웃으며 쇼윈도를 손가락으로 가리켰다. 마네킹이 포근하고 알록달록한 겨울옷을 걸친 채 서 있었다.

"우리, 여기 들어가서 겨울옷 사자. 엄마랑 쇼핑한 적 한 번도 없지? 엄마는 사실 옷 고르는 거 자신 없지만, 지수랑 같이 하면 잘할 수 있을 것 같아. 어때?"

"헤헤, 좋아요!"

그러고 보니 엄마가 걸친 옷은 12월에 입기엔 너무 얇아 보였다.

'하지만 잘 고를 수 있을까……?'

왠지 사람들이 우리를 놀릴 것만 같아 자신이 없어졌다. 엄마도 조금 떨리는지 매장 앞에서 주춤거리며 멈춰 섰다. 하지만 나를 바라보는 엄마의 눈빛은 꼭 이렇게 말하는 것 같았다.

'괜찮아. 엄마랑 같이 있는데, 뭘.'

우리는 함께 환한 빛이 쏟아지는 매장 안으로 씩씩하게 걸어 들어갔다.

첫 번째 방 * 트라우마를 극복하는 용기

PE는 외상 후 스트레스 장애, 즉 충격적인 사건을 겪거나 목격한 뒤 생긴 트라우마를 치료하는 방법입니다. 성폭력이라는 외상은 결코 덮거나 잊으려 해서는 해결될 수 없습니다. 한나 역시 그 충격적 기억의 파편들을 감당하지 못한 채 마음속 깊이 가두어놓고 회피해왔습니다. 그러면서 가족과도 점차 멀어지는 불행을 겪었습니다. PE는 사건을 연상시키는 기억들을 회피하지 않고 하나씩 분석해 극복하도록 합니다.

기억하고 싶지 않은 기억을 다시 하나하나 떠올리는 것은 정말 쉽지 않은 일입니다. 한나에게도 이 과정은 쉽지 않았습니다. 하지만 용기를 내어 PE 과정을 조금씩 해나가면서, 자신이 스스로 통제할 수 없는 폭력에 의한 피해자인 동시에 생존자라는 사실을 깨닫고 수용하게 됩니다. 그리고 치료의 마지막 단계에서, 마침내 부모와 화해합니다.

우리는 과거의 경험이나 기억에만 얽매여 가끔 중요한 사실을 잊곤 합니다. 바로 미래는 언제나 새롭게 열려 있다는 사실입니다. 아무리 아픈 기억이라도 우리의 미래를 온전히 지배할 수는 없습니다. 외상 후 스트레스 장애를 겪고 있는 많은 이들에게 한나의 이야기가 희망과 용기를 줄 수 있기를 바랍니다.

두 번째 방 * 장녀 콤플렉스 벗어나기

'착한 여자 콤플렉스'에 시달리는 내담자들을 종종 만나곤 합니다. 그런데 한국 사회에는 이와 더불어 '장녀 콤플렉스'에 시달리는 여성들이 생각보다 많습니다. 은주도 장녀로서의 책임감과 희생 정신에 과도하게 짓눌려 자신을 스스로 억압하는 삶을 살아왔습니다. 늘 감정을 억누르다보니 행복하지 못했고, 대인관계에서도 만족감을 느끼지 못했습니다. 감정조절과 대인관계 문제를 개선하기 위해, 은주는 DBT 치료를 시작했습니다.

　DBT 치료 방법 중 마인드풀니스 기술이 있습니다. DBT의 중심이 되는 기술이자 가장 처음 배우는 기술이기도 합니다. 명상 훈련과 더불어 자신의 행동과 마음을 그대로 들여다보도록 합니다. 은주는 이 마인드풀니스 훈련을 통해, 그간 가족에게 느낀 서운함과 아픔을 있는 그대로 자각하게 되었습니다.

　큰딸은 희생적이어야 한다는 인식은 '전통'이라는 이름 아래 형성

되어 있기 때문에, 공정하게 판단하기가 쉽지 않습니다. 또 이러한 인식을 극단적으로 파괴하고 부정하다보면 주변 사람들과 충돌을 빚게 됩니다. 하지만 은주는 DBT 기술들을 통해 슬기롭게 자신과 가족의 관계를 재정립해나갔습니다. 이제는 무거운 짐이었던 장녀의 역할을 벗어버리고 당당한 모습으로 부모님과 동생들을 대할 수 있게 된 은주를 언제나 응원합니다.

세 번째 방 * 감정조절 분투기
....

"나에게는 왜 나쁜 일만 일어날까? 왜 모두들 나를 힘들게만 하지?" 우리는 가끔 이런 부정적인 생각에 빠져듭니다. "혹시 내가 나쁜 사람이라서일까?" 누구나 한번쯤은 이런 질문을 자신에게 던져본 적이 있을 것입니다. 그레이스는 이런 부정적인 생각의 그늘에서 몇십 년을 살아왔습니다. 그리고 자신의 문제를 알아내고 해결하기 위해 DBT를 배우기로 결심합니다.

그러나 그레이스가 처음 DBT를 만나 익숙해지기까지는 매일매일이 전투와 같았습니다. 늘 새로운 문제 상황에서 길을 잃었고, 언뜻 보기에 간단한 문제들조차 해결하기 힘들어하며 격렬한 감정에 사로잡히곤 했습니다. 그러고 나면 극심한 자괴감과 분노 그리고 슬픔에 휩싸여버렸습니다. 하지만 DBT를 시작하면서 그레이스는 자신의 증상에 대해 정확히 인식하게 됩니다. 아동기와 청소년기에 겪은 두려움과 공포, 홀로 동생과 함께 세상을 헤쳐나가면서 받은 차별이 자신의 심적 고통의 원인이었음을 깨달은 것입니다. 그리고 그동안 대인관계나 감정조절에 어려움을 겪은 이유도, 자신이 '나쁜 사람'이기 때문이 아니라 자기 감정을 다루고 대응하는 행동 기술을 어린 시절에 잘 배우지 못했기 때문이라는 것을 알게 됩니다.

　일곱 살의 어린 그레이스는 이 세상이 얼마나 두렵고 외로웠을까요? 하지만 어른이 된 그레이스는 용감하게 그늘을 헤쳐나와 밝은 세상 속에서 당당하게 살아가고 있습니다.

네 번째 방 * 나를 죽이는 삶에서 돌보는 삶으로
....

나 자신을 사랑하고 돌보는 삶이란 어떤 것일까요? 좋은 음식을 먹고, 따뜻한 침구에서 충분히 잠을 자고, 자신의 노동에 대해 정당한 대가를 요구하고……. 대부분의 사람들은 이렇게 자신의 안위와 편안함에 관심을 기울이며 살아갑니다. 그런데 현정은 이와는 반대로, 자신을 괴롭히고 죽이는 삶을 살아왔습니다. 착취 당하는 상황에 놓였을 때도 '아니오'라고 당당히 말하지 못하고, 저축한 돈을 타인에게 주고, 자신은 이불 등 살림살이조차 제대로 갖추지 않고 살았습니다.

현정은 DBT 치료를 통해 어린 시절 어머니에게 받은 상처를 분석했고, 지속적으로 비수인적 환경에 노출되었기 때문에 자신의 존재 가치를 인식하지 못하는 것이라는 사실을 깨닫게 되었습니다. 그리고 자신의 삶을 아름답게 가꾸어나가는 방법, '나'를 사랑하고 돌보는 삶을 배워나갔습니다. 재정적인 부분부터 대인관계에 이르기까지 모든 것을 자신을 중심에 놓고 설계하도록 유도했고, 그 결과 현정은 이제 자신을 위한 삶을 충실히 살아가려고 노력하고 있습니다. 맛있고 건강한 한 끼를 좋은 사람들과 나눌 줄 알게 된 현정을 보며, 자신을 아끼고 사랑하는 방법은 이렇게 작고 평범하지만 우리 삶을 더욱 풍요롭고 행복하게 만들어준다는 사실을 다시금 깨닫게 됩니다.

다섯 번째 방 * 고통의 시간을 극복하게 하는 상상 노출

친구들과 수다를 떨며 술을 마시는 고깃집, 조금 늦은 시간까지 여유롭게 커피 한 잔을 마실 수 있는 카페, 급할 때 들르는 공용화장실, 목적지까지 편하게 타고 갈 수 있는 택시……. 일상의 이런 평범한 장소들이 더 이상 안전하게 느껴지지 않는다면 우리 삶은 어떻게 될까요? 자신의 세계가 안전하지 않고 공포스러운 곳이라는 생각은 외상 후 스트레스 장애의 대표적인 증상입니다. 어떤 이들은 마치 과거의 사건이 현재에 반복되는 것처럼 느끼며, 그 사건이 연상되는 모든 환경과 공간, 사람 등을 회피하는 증상을 보이기도 합니다. 밝고 활달해 누구와도 쉽게 어울렸던 미연도 사건 후 불안과 공포에 휩싸였습니다. 사건이 벌어졌던 공용화장실은 세상에서 가장 위험한 공간이 되었고, 남성을 보기만 해도 극도의 공포감에 휩싸였기에 일상생활을 제대로 할 수 없는 지경이었습니다. PE 치료를 통해 미연은 그간 회피해왔던 많은 상황들을 상상 노출로 직면하게 됩니다. 너무나 두려워 회피해온 기억을 되살려 다시 언어로 표현해내는 일은 상상 이상의 고통을 주지만, 미연은 기억의 파편들을 다시 모아 차분히 정리하는 힘든 과정을 잘 견뎠습니다. 그리고 두려워했던 일들에 도전하면서 트라우마를 이겨내, 이제는 씩씩한 본래의 모습을 되찾았습니다.

인간이 가진 '기억'이라는 능력은 학습과 생존을 위해 반드시 필요합니다. 하지만 기억에만 얽매이면 몸은 현재를 살지라도 마음은 계속 과거를 살게 됩니다. 물론, 과거의 기억이 불현듯 우리를 괴롭힐 때가 종종 있습니다. 하지만 지금의 삶에 충실하려 노력한다면, 지나간 과거는 아무런 힘도 발휘할 수 없습니다. 우리의 유일한 시간은 과거가 아닌 현재이기 때문입니다.

여섯 번째 방 * 섭식장애 이겨내기

인간의 삶과 마음이 단순하지 않듯, 섭식장애도 여러 가지 복합적인 문제에서 출발합니다. 섭식장애를 겪는 많은 사람들은 심리적 갈등과 사회적 시선 때문에 몸에 대한 강박을 갖게 되고 결국 폭식이나 거식 등의 방법으로 자신을 학대합니다. 서현 역시 예뻐지고 싶은 내면의 욕구와 날씬해져야 한다는 부모의 요구, 서구적인 체형만이 절대적인 아름다움이라 보는 사회적 시선 등으로 인해 섭식장애 증상이 시작되었습니다.

실제로는 살이 찌지 않았지만, 본인은 살이 쪘다고 믿는 내담자들에게 정량의 식사를 먹으라고 설득하는 일은 쉽지 않습니다. 그래서 매일 먹은 음식에 대해 자세히 일기를 쓰고, 규칙적이고 균형 잡힌 식단으로 식사를 하는 실험을 통해 내담자들이 건강한 신체가 주는 기쁨을 스스로 깨닫도록 합니다.

서현은 이 모든 과정을 잘 마쳤을 뿐만 아니라, 내면의 아름다움과 자신만의 개성을 찾아가는 긍정적인 모습을 보여주었습니다. 진정한 '미'는 피부와 몸에서 발현되는 것이 아니라 자신감과 총명함에서 발현된다는 사실을 증명해준 셈입니다.

일곱 번째 방 * 진정한 내 모습을 찾아주는 DBT

지수와 지수 부모님을 처음 만났을 때, 부모님은 지수가 무척 똑똑한 아이임에도 왜 무엇 하나 제대로 정리하고 치우지 못하는지 이해가 되지 않는다고 하셨습니다. 그런데 심리학적 평가를 해보니, 지수는 언어이해 능력은 아주 뛰어났지만 시공간적 정보를 정리 통합하고 사건을 해결하는 속도는 아주 낮은 아이였습니다. 어딘가 어설프고 뭔가 빠뜨리는 것이 지수의 타고난 약점이었던 것입니다. 반면 언어이해 능력이 아주 뛰어났기에, 부모나 선생님은 지능이 높다고만 여겼을 뿐 이러한 약점이 있을 것이라고는 미처 생각하지 못했습니다. 지수 역시 이러한 부조화로 인해 학교생활에 제대로 적응하지 못했고, 왕따를 당해 우울과 불안 증상을 보였습니다.

DBT 가족청소년 수업을 통해, 지수는 아주 작은 것부터 스스로 조직화하고 정돈하는 연습을 시작했습니다. 지수 어머니 역시 훈육 방식을 바꾸고 대인관계 기술을 배워나갔습니다. 이처럼 DBT는 자신과 인간에 대한 깊은 성찰의 기회를 주고, 미처 몰랐던 나 자신과 타인의 진정한 모습을 찾아줍니다.

심리치료소설

일곱 개의 방

© 조용범, 채송희, 최은영, 이고은 2016

첫판 1쇄 펴낸 날 2016년 3월 26일
첫판 2쇄 펴낸 날 2016년 12월 16일

지은이 조용범 채송희 최은영 | **그린이** 이고은
책임편집 최은영 | **디자인** Studio Marzan 김성미

펴낸이 조용범
펴낸곳 더트리그룹(주)
출판등록 2008년 9월 23일 제 2016-000018호
주소 서울특별시 송파구 법원로 90, 1204호
전화 02-557-8823 | 팩스 02-557-8355
전자우편 info@theTreeG.com | 홈페이지 www.theTreeG.com

ISBN 978-89-967839-2-3 03180

이 도서의 국립중앙도서관 출판예정도서목록(CIP)은 서지정보유통지원시스템 홈페이지(http://seoji.nl.go.
kr)와 국가자료공동목록시스템(http://www.nl.go.kr/kolisnet)에서 이용하실 수 있습니다.
(CIP제어번호 : CIP2016005193)